JN048548

スウェーデン在住のパティシエが教える

ほっとする
北欧のおやつ

Ai Ventura

ヴェントゥラ愛

Introduction

　こんにちは。スウェーデンでパティシエをしているヴェントゥラ愛です。You Tubeで北欧の暮らしや子育て、お菓子作りの動画を投稿し始めたのをきっかけに、多くの方に視聴いただき、このたび出版のチャンスをいただきました。

　日本で製菓学校を卒業し、パティシエとして活動したのち、夫の転職に伴いストックホルムに暮らし始めて10年。家族も友達もいない縁もゆかりもない国でしたが、人とのつながりの中で、いくつもの奇跡のようなことが起きました。そしてそのきっかけになったのはいつもお菓子でした。

　出会ったばかりの友人のお姉さんに頼まれ、カタコトながらメロンパン教室を開きました。人の紹介から日本のお菓子のポップアップイベントを開催し、在住日本人が来てくれればいいなと思ったら、どこからか情報が広まり大行列！　そのほとんどがスウェーデン人でした。

　メディアの取材がくるようになり、現地出版社からスウェーデン語で日本のお菓子のレシピ本を2冊出版しました。有名レストランにも声をかけてもらい、大規模なアフタヌーンティーイベントをやらせていただきました。このイベントは2023年に隣国ノルウェーでも開催され、本は欧州諸国で翻訳出版が進んでいます。

　言語は苦手でも、その代わりにどこに行くにも手作りのお菓子を持って行きました。Fika（フィーカ）というお菓子を楽しむ文化のある国に来れたのは、私にとってラッキーだったとしか言いようがありません。甘いものが好きな人が多いこともあって、言葉は

通じなくてもお菓子を一緒に食べて、コーヒーを飲んで仲良くなることができました。

　移住当初から「日本とスウェーデンに甘い架け橋をかける」ことを目標に掲げてきた私は、日本のお菓子をスウェーデンで紹介するのと同時に、一時帰国の度にお菓子教室やイベントを開催してきました。YouTubeを始めると、暮らしの様子が伝わりやすい動画ということもあって、たくさんの方に北欧菓子の魅力をお伝えする機会を得ました。そして、自身にとっては3冊目の、日本では初めての本書の出版へとつながりました。

　私がこの本でお伝えしたい北欧菓子の魅力は、なんといっても、「肩の力を抜いて気軽に作ることができること！」。日本や西欧の職人が築き上げてきた巧みな菓子文化も素晴らしいですが、北欧にはそれとは異なる、家庭で作り続けられてきた「ホームメイドのおやつの文化」があります。どこか素朴で可愛らしく、家庭で作りやすいのにおいしいレシピがたくさんあり、日常のFikaや、誕生日ケーキを自分で用意する習慣、クリスマスにお菓子を焼く伝統のおかげで、子どもも大人も、男性も女性も多くの人がお菓子作りを楽しんでいます。

　お菓子を作りながら、出来上がったお菓子を囲んでFikaをしながら、そこから生まれるコミュニケーションと、ほっとするひと時を楽しんでいただけたら。そのために本書が役立てばうれしいです。

ヴェントゥラ愛

スウェーデンで愛されるフィーカの習慣

スウェーデンでは、コーヒーを飲みながら甘いものを食べて休憩する、Fika（フィーカ）という習慣が、とても大切にされています。

ほっと一息ついて Fika する

Fika とは、スウェーデン語で「コーヒーを飲みながら、甘いものを食べ、気分をリフレッシュしたり、会話を楽しむこと」をいいます。その時の飲食物そのものを指したり、「Fika する」と動詞としても使われます。

スウェーデン人は Fika が大好き。誰かと親しく過ごしたい時には「Fika しましょう！」と声を掛け合うなど、この文化を愛し、誇りにしています。

Fika では、シナモンロールなどの発酵菓子やクッキーなどを食べることが多く、欠かせないのはコーヒーです。Fika の語源はコーヒーであるように、コーヒーを飲む人が多いです。

カフェでのおやつの定番は、シナモンロールなどの発酵菓子。

コーヒーパーティが起源

スウェーデンにコーヒーが伝わったのは17世紀。18世紀には、貴族や富裕層に広がり、「コーヒーパーティ」が Fika の原型になりました。客人を自宅に招いて、刺繍入りのテーブルクロスや、模様入りの

陶器、花瓶に活けた花を飾り、コーヒーとお菓子でもてなして、会話を楽しむ社交の場です。

　柔らかいケーキから始まり、クッキーの皿で終わりますが、クッキーの種類が少ないと「あの家はケチだ」、多いと「あの家は見栄っ張りだ」と噂されたことから、「Sju sorters kakor 7種類のクッキー（がちょうどよい）」という考えが定着したといいます。

　1945年には、この「7種類のクッキー」というタイトルがついたお菓子のレシピ本が出版され、大ベストセラーとなりました。大手スーパーがお菓子のレシピコンテストを行い、全国から応募されたレシピを選び抜いて掲載しました。戦後のお菓子ブームを背景にヒットし、この本は、現在でもスウェーデンで「お菓子作りのバイブル」となっています（2017年には第100刷を刊行）。

ベストセラー『7種類のクッキー』を手掛けたミアオルンさんと、歴代の『7種類のクッキー』のコレクション。

北欧各国のコーヒー休憩

　他の北欧諸国にも、コーヒーとともに休憩する習慣があり、各国のコーヒーの消費量は世界トップクラス。一日に何杯もコーヒーを飲み、一緒に甘いお菓子を食べ、町中に居心地のよいカフェがあります。

　フィンランド語では、コーヒー時間という意味の「カハヴィタウコ」という言葉があり、スウェーデンのFikaと同じ習慣を指します。

　デンマーク語ではFikaとぴったり同じ言葉はありませんが、「人とのふれあいの中で過ごす、居心地のよい空間や楽しい時間」を指す、「ヒュッゲ」という言葉があり、一杯のコーヒーとともにゆったり休憩をとることを大切にします。

　ノルウェー語の「コーシェリ」も、ヒュッゲとほぼ同じ意味で、日常のコーヒー休憩を大切にしています。

北欧最大のケーキテーブルのあるタクシンゲ城（ストックホルム）。「お菓子の城」とも呼ばれる。

会社でも Fika は当たり前

　就業時間内に、昼食休憩とは別に、午前と午後に15〜30分のFika休憩がある企業が一般的です。まるでカフェのように立派なエスプレッソマシーンがあったり、ソファにゆったり座ってくつろげる会社も多く、その時に食べるお菓子は、持ち回りでホームメイドを持参したり、会社が準備したりします。Fikaは集中力を高め仕事の効率を上げる、福利厚生として必須と考えられています。

　北欧では家族やプライベートの時間を大切にし、残業はほとんどせず、仕事帰りに飲みに行くことはめったにありません。その代わりに交流の場となっているのがFikaの時間。他愛もない日常のことや家族のことなど、お互いを知ることで、仕事も円滑に進みます。

　フィンランドでは雇用主が労働者に対して仕事中にコーヒー休憩をとらせる義務があり、4〜6時間の労働なら1回、6時間以上なら2回などと労働法で定められています。

まるで自宅のようにゆったりFikaできるソファのあるオフィス。

ホームメイドのお菓子文化

　先述のように、スウェーデンでは戦後、一般家庭で製菓材料が手に入りやすくなってからホームメイドのお菓子作りが大きなムーブメントとなり、現在まで根付いています。そのため、家庭発のお菓子が多く、どこか素朴で誰もが作りやすいのです。フランスのように菓子職人が試行錯誤して作り上げたお菓子文化とは異なる特徴です。

　もちろんお店に行けばプロが作ったお菓子が並んでいますが、それでも「シナモンロールだけは

製菓材料が所狭しと並んでいるスーパー。

絶対にお店では買わないの！」と断言するスウェーデン人も少なくありません。個人宅に招かれると、必ずと言っていいほど手作りのお菓子でもてなされます。ホームメイドだからこそ味わうことのできる、部屋中に溢れるスパイスの幸せな香り、焼き立てをほおばった時のお菓子のおいしさを知っている人が多いのです。

　日本で「お菓子作りが趣味」というと、「味も見栄えも完璧なお菓子を作れる」というイメージを持つかもしれません。しかし北欧では、子どもから大人まで、男性も女性も家庭でお菓子を作ります。「お菓子作りが好き」だからといって、必ずしも「お菓子作りが上手である」必要はありません。純粋に自分で作るという行為そのものを楽しんでいるのです。

スウェーデンではお菓子を手作りすることが盛ん。

誰かとお菓子を囲む時間

　北欧では、少しぐらい見た目がいびつだろうが、大きさがバラバラだろうが、あまり細かいことは気にしません。完璧を目指すよりも何でも自分でやってみることが大切で、お菓子を作ることの楽しさ、できたお菓子を囲んで親しい人たちと過ごす時間こそが尊いのです。

　また、北欧では計量カップや計量スプーンを使って材料をはかることが多く、面倒な計量をラクに行います。本書でもなるべく簡単に計量できるように（材料や道具の違いによって仕上がりに差が生じやすい場合はg表記に）、日本の読者が作りやすいように書きました。

　ぜひあなたも、肩の力を抜いて楽しんでみませんか？

典型的なスウェーデン菓子が置かれているカフェ。

こちらもカフェで。クッキーのジャムが少々はみ出していても誰も気にしない。

Contents

Part 4 特別な日のお菓子

Part 5 軽食のおやつ

▩ SWEDEN
✚ FINLAND
▥ DENMARK
▦ NORWAY

本書の見方
・所要時間の目安を表示しているので参考にしてください。
・大さじ1は15㎖、小さじ1は5㎖です。
・果物などを洗う、皮をむくなどの工程は省略しています。
・特に表示がない限り、バターは有塩バター、卵はMサイズ（約50ｇ）を使用しています。
・電子レンジは600Ｗを使用しています。
・電子レンジを使用する際は、ふんわりとラップをかけます。
・記載のあるレシピは、各材料が手軽にセットになったキットも販売されています。
［北欧FIKAキット］
北欧雑貨「ソピバ」オンラインショップ
https://sopiva-hokuou.com/

撮影／ヴェントゥラ愛
デザイン／塙 美奈［ME&MIRACO］
DTP／山本秀一、山本深雪［G-clef］
画像レタッチ指導／佐藤朗［フェリカスピコ］
校正／麦秋アートセンター
企画・編集／鈴木聡子

発酵菓子

北欧には、生地をこねてイーストでじっくり発酵させてから焼き上げる、菓子パンのような発酵菓子がたくさんあります。最初のこねる部分だけ少しコツが必要ですが、あとは生地が勝手に発酵してくれるのを待つだけ。赤ちゃんの肌のような生地に触れるのはとても気持ちがよく、焼きたてのおいしさを味わえるのは手作りならではの至福です。

Kanelbulle

カネルブッレ

カルダモン香る
シナモンロール

シナモンロールはスウェーデン発祥の北欧 Fika の代表的なお菓子です。生地に練り込んだ粗挽きのカルダモンが爽やかで、コーヒーとよく合い、カリカリとしたパールシュガーのトッピングがアクセント。ここでは、現地の本格ベーカリーと同じ作り方を紹介します。焼き上がったばかりのシナモンロールにジュージューと音がするくらいたっぷりとシロップを塗ると、艶のあるしっとり長持ちのシナモンロールになります。

SWEDEN

カルダモン香る
シナモンロール

（所要時間）
3〜3時間20分（発酵時間込み）

（材料）（10個分）
○生地

A　中力粉 … 260g
　　グラニュー糖 … 大さじ2½
　　塩 … 小さじ¼
　　粗挽きカルダモン
　　　　　… 小さじ2
　　卵 … 1個
　　牛乳 … 100㎖
　　無塩バター … 35g
　　　（室温に戻す）
　　ドライイースト … 小さじ1

○シナモンバター

B　グラニュー糖 … 大さじ3½
　　シナモン … 大さじ1
　無塩バター … 30g

○トッピング
　パールシュガー … 大さじ1
　（アーモンドダイスでもOK）

○艶出しシロップ

C　きび砂糖 … 大さじ2
　　水 … 大さじ2

※「北欧FIKAキット」もあり（P9参照）

（準備）
◎天板にオーブンペーパーを敷いておく
◎ホームベーカリー（あれば工程1〜5を行うことも可能）

Step 1　生地を作る

1
Aをボウルに入れて手で混ぜる。まとまってきたら、台の上に出す。

味の違いは、粗挽きカルダモン！
生地に「粗挽きカルダモン」を練り込むと、清涼感のあるスパイシーな香りが甘さを引き締め、一度食べたら忘れない味。ホールの皮をむき中身を挽くか包丁で刻む。

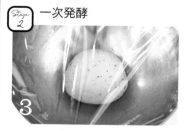

2
全体重を手のひらにかけて、こすりつけるようにこねる。10分こね、生地が均一になったら完了。

Step 2　一次発酵

3
ボウルに油（分量外）を薄く塗る。表面がピンと張った状態に丸め、とじ目をしっかりつまんで閉じ、底側にする。

4
オーブンの発酵モード（40〜45度）か、50度の湯せんにボウルごとのせて、40〜60分一次発酵させる。

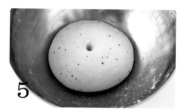

5
1.5〜2倍の大きさになったら、真ん中に指を挿してみて戻らなければ発酵完了。フィンガーテストはP13参照。

Step 3　シナモンバターを作る

6
バターは耐熱容器に入れ、20〜30秒レンジで溶かす。Bを混ぜ、冷ましておく。

Step 4　艶出しシロップを作る

7
Cを耐熱容器に入れて混ぜ、電子レンジで50秒加熱して溶かし、冷ましておく。

8

5の生地を、必要に応じて打ち粉（分量外）を使いめん棒で伸ばし、25×25㎝の正方形にする。6を塗り、手前から奥に丸める。

9

10等分の輪切りにする。ナイフを手前に引いて「引き切り」すると断面がつぶれず、渦巻き模様がきれいに出る。端の部分は下に向ける。

10

天板に間隔をあけて並べる。天板のサイズが小さい場合は2枚に分ける。巻き終わりを下に入れ込む。

Stage 6 二次発酵〜仕上げる

11

オーブンの発酵モードで30〜50分、1.5倍のサイズになるまで二次発酵させる。

12

発酵完了の少し前からオーブンを200度で予熱し始める。パールシュガーをのせて、8〜10分、焼き色がつくまで焼く。

13

取り出して熱いうちに7をたっぷり塗る。

保存について
常温で2日。冷凍で2週間。

Column

〔 発酵菓子共通のポイント 〕

・発酵菓子共通のこね方
全体重を手のひらにかけ、台にこすりつけるようにしてこねる。押し広げた生地を、スケッパーで集める動作を繰り返す。こねることで、生地中にグルテンが形成されて水分を抱え込み、まとまってくる。

・打ち粉で水分量を調整する
季節によって湿度や小麦粉の水分量が異なるため、打ち粉で調節する。10分程こねて、それでも生地がベタベタしてまとまらない場合には、大さじ1の強力粉を打ち粉として使う。反対に生地が固すぎる場合は小さじ1の牛乳または水を加えて調節する。

・こね加減を見るグルテンチェック
中力粉で作るシナモンロールは固くさっくりした食感なので、生地がなめらかになればこね完了。強力粉でしっかりとグルテンを引き出したいセムラ（P16）、ルッセカット（P22）は、生地を伸ばした時にちぎれず、薄い膜のように裏側が透けるようになれば完了。

・発酵の温度に注意
発酵時間は気温や生地の温度によって異なる。冬場に室温が低い場合は長くかかり、逆に夏の暑いキッチンでは早く発酵が進むので過発酵に気をつける。お湯が冷めたらお湯を取り替える。

・発酵完了のフィンガーテスト
1.5〜2倍に膨らんだら、分量外の小麦粉を指につけて生地に挿す。引き抜いた穴が縮まらずにそのままなら発酵完了。穴がすぐに縮む場合は発酵不足なのでそのまま発酵を続ける。生地がしぼむ場合は過発酵の状態。

・二次発酵のタイミング
オーブンによっては予熱に時間がかかることもある。その間も生地は発酵が進むので、予熱にかかる時間を差し引いて早めにオーブンの発酵モードから取り出す。発酵完了と予熱完了のタイミングを合わせることが大切。

Korvapuusti

コルヴァプースティ

No.02

シナモンロール
巻き方違い①
フィンランド式

フィンランドのシナモンロールの巻き方は、フィンランド語で「平手打ちされた耳」という意味で、とってもユニーク。側面の渦巻きは、確かに耳のような形に見えます。巻き方が少し違うだけで、生地の食感が違ってくるので、ぜひ試してみてくださいね。

〔材料〕(10個分)
P12のシナモンロールと同じ

作り方はシナモンロール同様で、8〜10のみ右記となる。

1 40×30cmの長方形に生地を伸ばし、シナモンバターを塗る。

2 端から巻き(長さ40cmの筒状になるように)、とじ目をしっかりつまんで閉じ、とじ目を下にし、まな板に置く。

3 ナイフで台形に10等分する。断面がつぶれないよう「引き切り」にする。端も斜めに切ると渦巻き模様がきれいに出る。

4 オーブンペーパーを敷いた天板に置き、指で押さえつける。切れ端はシナモンロールの下に入れ込んで一緒に焼くとよい。

Kanelfläta
カネルフレータ

Kanellängd
カネルレングド

No.03
シナモンロール
巻き方違い②
ロングタイプ

長い形に焼くシナモンロール
は、人数の多い Fika のシーンに
ピッタリ。相手が何人いるのか
わからない時にその場で切り
分けることができるし、見栄え
もするので手土産にも使えま
す。2パターンの巻き方を紹介
します。

（材料）（5～6人前／2本分）
P12のシナモンロールと同じ

作り方はシナモンロール同様で、8
～10のみ右記となる。

カネルレングド

1

20×40cmに伸ばして半分(20×20cm)
に切る。片方の生地にシナモンバ
ターを塗り、端から巻く。とじ目を
下にして斜めに2～3cm幅に切り込
みを入れる。

2

左右交互に横に広げたら、間を狭
めるように形を整える。

カネルフレータ

1

もう半分の生地を置き、真ん中⅓
だけにシナモンバターを塗り、左
右の生地に少し斜めに2cm幅に切
り込みを入れる。

2

切り込んだ生地を左右交互に内側
に向かって編み込んでいき、一番
最後は中に入れ込む。

Semla

セムラ

アーモンド
ペースト入り
「セムラ」

粗挽きカルダモンを練り込んだフワフワのパンに、「マンデルマッサ」というアーモンドペーストと無糖のホイップクリームを絞ったスウェーデンで人気の伝統菓子です。かつてイースターの前に断食をする習慣があり、その断食前の火曜日（太っちょの火曜日、セムラの日とも呼ぶ）に食べられたのが始まり、その断食習慣がなくなってからも、このお菓子を1月から3月または4月のイースターまでに食べる習慣が根付き、他の北欧諸国にも広まりました。セムラが好きすぎて、セムラの食べすぎで亡くなったという王様（アドルフ・フレディリック王）もいたほど！　現在では国内で年間4000万個も消費され（1人当たり4〜5個）、毎年メディアではセムラのベストランキングが発表され、セムラの日には人気店で行列ができます。

No.04

アーモンドペースト入り「セムラ」

（所要時間）
3時間20分（+冷ます時間40分）

（材料）（10個分）
〇生地
A	強力粉 … 300g
	グラニュー糖 … 大さじ4
	塩 … 小さじ¼
	ドライイースト … 小さじ1
	粗挽きカルダモン
	… 小さじ1
B	牛乳 … 120㎖
	卵 … 1個
	無塩バター … 50g

〇マンデルマッサ（アーモンドペースト）
生アーモンド … 100g
粉糖 … 70g
C	牛乳 … 50㎖
	ビターアーモンドエッセンス
	… 数滴

生クリーム … 200㎖
粉糖（デコレーション用）… 適量
※「北欧FIKAキット」もあり（P9参照）

（準備）
◎10切10号の星口金と絞り出し袋
◎フードプロセッサー
◎ホームベーカリー（あれば工程1〜5を行うことも可能）

Step 1 生地を作る

1

Aをボウルに入れて軽く混ぜたらBを加えてひとまとまりになるまでこねる。

2

台の上に出し、グルテンの膜ができるまで15〜20分しっかりこねる。発酵菓子共通のこね方、打ち粉の使い方はP13参照。

力強くこねる
強力粉で作るセムラは小麦粉のグルテンを引き出すことで、ボリュームが出てふんわりとした食感になるので、シナモンロールより長く、生地がまとまってからは生地を台に叩きつける動作も加えながら力強くこねる。

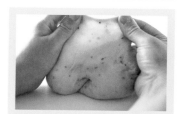

グルテンチェック
薄い膜が張って裏側が透けて見えるようになったら、こね上がり。こね加減のチェック法はP13参照。

Step 2 一次発酵

3

こね上がった生地を表面がピンと張った状態に丸め、とじ目をしっかりつまんで閉じ、底側にする。

4

油（分量外）を薄く塗ったボウルに入れ、オーブンの発酵モードまたは50度の湯せんのボウルにのせ、40〜60分一次発酵させる（P13参照）。

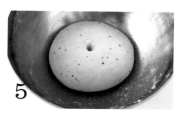

5

1.5〜2倍の大きさになったら、指を真ん中に挿してみて、戻らなかったら一次発酵完了。フィンガーテストはP13参照。

Step 3 マンデルマッサを作る

6

発酵中にマンデルマッサを作る。鍋にアーモンドが浸るくらいのお湯を沸かす。沸騰したらアーモンドを入れ、1分ゆでたらザルにあけて水気をきる。

7

粗熱が取れたらアーモンドの皮を手でむき、粉糖とともに、フードプロセッサーで粉砕する。

8

Cを加えて、フードプロセッサーでペースト状にする。少し粒が残っていてもおいしい。

Step 4 二次発酵～焼く

9

重さをはかり、スケッパーで10等分する。切り口を内側に包むように丸め、表面はピンと張った状態にし、とじ目はしっかりつまんで閉じ、底側にする。

10

オーブンペーパーを敷いた天板に間隔をあけて並べる。オーブンの発酵モード（40～45度）で40～60分二次発酵させる（天板が小さい時は2枚に分ける）。

11

1.5～2倍の大きさになったら二次発酵完了。発酵が完了する少し前にオーブンから取り出し、200度で予熱を開始する。

12

予熱が完了したら、7～10分焼く。全体がきつね色になったら焼き上がり。中まで完全に冷ます。

Step 5 組み立て

13

上部をナイフで三角に切り取る。軽くナイフで三角の印をつけてから、パンの中心に向かって斜めに切り込むとやりやすい。

14

中にマンデルマッサをつめる。

15

生クリームを氷水に当てながら8分立てにし、星口金をつけた絞り出し袋につめて円を描くように高く絞り出す。

16

切り取ったパンの上部をのせ、粉糖をふりかけて仕上げる。

保存について
常温で当日中。冷凍で2週間。

保存方法
セムラのパンは時間の経過とともに固くパサついた食感になりおいしさが失われやすい。この状態が最も進みやすいのは冷蔵庫の温度。反対に生クリームは冷蔵保存が必要。すぐに食べきれない場合は、パンとマンデルマッサは別々に冷凍保存しておき、食べる前に解凍して生クリームを泡立て組み立てるとよい。

Laskiaispulla

ラスキアイスプッラ

No.05
ラズベリー
ジャム入りの
「セムラ」

セムラはスウェーデンからフィンランドにも伝わりました。しかし、当時マンデルマッサに使われるアーモンドが高価だったことから、代わりにラズベリーのジャムをはさむスタイルも誕生しました。今ではマンデルマッサが入ったものと、ジャム入りの2種類が同時にショーケースに並び、「どっち派？」なんて会話が繰り広げられることもあるそう！　ノルウェーでもジャム入りのセムラが食べられています。

〔所要時間〕
3時間20分（＋冷ます時間40分）

〔材料〕（10個分）
○生地
P18（セムラ）と同じ
○トッピング
　パールシュガー … 大さじ1
　ラズベリージャム … 150g（P29）
　生クリーム … 200㎖
　粉糖 … 適量

〔準備〕
◎10切10号の星口金と絞り出し袋

3
パン切りナイフで横に切る。

4
ラズベリージャムをのせる。

1
セムラ（P18）と同じように、生地を作り、一次発酵し、二次発酵させる。

5
泡立てた生クリームを星口金をつけた絞り出し袋につめて、ジャムの上に高く絞り出す。

2
表面が乾いていたら霧吹きで湿らせて、パールシュガーをのせる。7〜10分焼き、中まで完全に冷ます。

6
切り取ったパンの上部をのせ、茶こしを使って粉糖をかける。

保存について
常温で当日中。冷凍で2週間（P19参照）。

Lussekatt

ルッセカット

No.06
黄金色の
サフランパン

クリスマスが近づくと街中に登場する、黄金色に輝く菓子パン。その昔、悪魔への魔除けとして作られたパンに、悪魔が嫌う太陽の光を象徴したサフランが練り込まれたのが由来なのだそう。12月13日に祝われる「光の聖人ルシア祭」でもこのパンは欠かせません。ルッセカットは「ルシアの猫」という意味で、くるんとS字に丸まった形は、猫が丸くなって寝ているような、あるいは猫の尻尾のようにも見えて微笑ましいです。

黄金色の
サフランパン

〔所要時間〕
3時間30分

〔材料〕(10個分)
○生地

A	無塩バター … 50g
	サフラン … 0.25g
B	牛乳 … 125㎖
	生クリーム … 大さじ1
C	強力粉 … 280g
	グラニュー糖 … 大さじ3
	塩 … 小さじ½
	卵 … ½個
	ドライイースト … 小さじ1

レーズン … 20粒
○艶出し卵液

| | 卵 … ½個 |
| | 牛乳 … 小さじ1 |

※「北欧 FIKAキット」もあり(P9参照)

〔準備〕
◎ホームベーカリー (あれば工程2〜7を行うことも可能)

Stage 1 生地を作る

1
鍋にAを入れて火にかけバターを溶かす。沸騰直前に火から下ろし、Bを加えて人肌程度に冷ます。

2
ボウルにCを入れ、1を加え混ぜる。

3
まとまったら台に出して、全体重を手のひらにかけ、こすりつけるようによくこねる。スケッパーを使い押し広げた生地を集める動作を繰り返す。

4
最初はベタついているが、こねることで生地中にグルテンが形成され、まとまってベタつかなくなってくる。発酵菓子共通のこね方、打ち粉の使い方はP13参照。

15〜20分こねる
強力粉で作るルッセカットは、グルテンを引き出すことで、ボリュームが出てふんわりとした食感になる。途中で生地を台に叩きつける動作を加えながら力強くこねる。

グルテンチェック
生地を伸ばした時に薄い膜のような状態になり、裏側が透けて見えるようになればこね上がり完了(P13参照)。

Stage 2 一次発酵

5
ボウルに油(分量外)を薄く塗り、表面がピンと張った状態になるように丸め、とじめをしっかりつまんで閉じ、底側にする。

6
オーブンの発酵モードまたは50度の湯せんで一次発酵させる。1.5〜2倍の大きさになったら完了。

7

真ん中に指を挿して、戻らなかったら発酵完了。フィンガーテストはP13参照。

フィンガーテストはP13参照。

Step 3 成形

8

一次発酵が完了したら重さをはかって10等分に切り分ける。

9

切り口を包み込むように丸めて、表面はピンと張った状態にし、とじ目はしっかりつまんで底側にする。ラップをかぶせ10分休ませる。

10

めん棒でガスを抜き、14×8cmの楕円形に伸ばす。中心に向かって上下を折り曲げる。もう一度折りたたみ、とじ目をしっかりつまんで閉じる。

11

台の上で転がして30cmの長さの紐状に伸ばす。

少し休ませながら伸ばす

生地はグルテンの力により元の状態に戻ろうとするが、少し休ませることで生地がゆるむ性質がある。一気に伸ばそうとすると生地表面が傷つくので、少し伸ばしてから休ませ、その間に別の生地を伸ばし、また続きを伸ばすと生地に負荷をかけずに伸ばせる。

12

端から中心に向かってくるりと巻いて、もう片方の端は反対方向に巻いてS字に成形する。

13

オーブンペーパーを敷いた天板に間隔をあけて並べ、渦の中心にレーズンをのせる。天板が小さい時は2枚に分ける。

Step 4 二次発酵～焼く

14

オーブンの発酵モードで、1.5倍になるまで発酵させる。発酵完了の少し前に取り出し、オーブンを200度で予熱し始める。

15

卵と牛乳を溶きほぐし、茶こしで裏ごししてハケで塗る。レーズンがはずれそうになっていたら指で押し込む。

16

7～10分、表面にうっすら焼き色がつくまで焼く。

保存について

常温で2日。冷凍で2週間。

Hindbærsnitte

ヒンベアスニッテ

Fikaのお供に、ケーキは多すぎるけど、何か甘いものを少しだけつまみたい！　そんな
時にぴったりな、クッキーなどミニサイズのお菓子を紹介します。

Part
2

小さなお菓子

ラズベリー
ジャムサンドの
スライスクッキー

デンマークで、多くのカフェや
ベーカリーに並ぶ、定番人気の
焼き菓子です。ショートブレッ
ド生地にラズベリージャムをサ
ンドし、アイシングや、フリー
ズドライのラズベリー、カラフ
ルなチョコスプレーなどをトッ
ピングした、甘酸っぱくて可愛
いらしいお菓子。Hindbærとは
ラズベリー、Snitteは小さく切
ったものを意味し、生地を焼い
てからカットすることからこう
呼ばれます。焼きたてはサク
サク、時間がたつと水分がなじ
んでほっくりと、食感の異なる
おいしさを味わえます。

DENMARK

No.07

ラズベリー
ジャムサンドの
スライスクッキー

（ 所要時間 ）
1時間（+1時間寝かせる）

（ 材料 ）(8個分)
○生地
　A｜中力粉または薄力粉
　　　　… 180g
　　｜粉糖 … 60g
　バター … 100g
　　（よく冷えたもの／1.5cmの角切り）
　B｜バニラオイル … 数滴
　　｜卵 … ½個(溶きほぐす)
○アイシング
　粉糖 … 80g
　水 … 〜小さじ2
　　（様子を見ながら少しずつ加える）
○トッピング
　ラズベリージャム(P29) … 60g
　フリーズドライのラズベリー … 適量

（ 準備 ）
◎フードプロセッサー（あれば工程1
〜2を行うことも可能）

Stage 1 生地を作る〜焼く

1 ボウルにAを入れて混ぜ、バター
を加えて、指先でつぶすようにして、
そぼろ状にする。

2 Bを加えて混ぜ、生地をひとまと
まりにする。ラップに包んで冷蔵
庫に入れ、1時間寝かせる。

3 オーブンを170度に予熱する。必
要に応じて打ち粉(小麦粉／分量外)
を使いながら オーブンペーパーの
上で生地をめん棒で伸ばしていく。

4 17×33cmの長方形に伸ばす。端を
切り落として縦に2等分し、8×32
cmの長方形を2つ作る。

5 2つの生地はオーブンペーパーご
とハサミで切り離し、間隔をあけ
て天板に並べる。

6 20〜25分、黄金色の焼き色がつく
まで焼く。

Stage 2 アイシング＆仕上げ

7 焼き上がりに合わせて、粉糖に水
を少しずつ加えて混ぜ、アイシン
グを作る。水を入れすぎないよう
注意(P47参照)。

8 持ち上げてとろりと落ちたアイシ
ングが、時間をかけて平らになり、
跡が消えるくらいの固さが目安。
乾燥しないようにラップをしておく。

9

まだ温かいうちに、1枚のクッキーにパレットナイフでラズベリージャムを塗り、薄く広げる。

11

9の上に10を重ねる。

トッピングアレンジ
お好みでカラフルなアラザンやチョコスプレーをのせても楽しい。

10

もう1枚に、アイシングを混ぜ直し、なめらかな状態にしてから、パレットナイフで塗る。

12

アイシングが乾かないうちにフリーズドライのラズベリーを砕いてトッピングし、温かいうちにナイフで8等分に切る。

Column
〔 ラズベリージャムの作り方 〕

スウェーデンには、森や茂みにラズベリーが自生しており、7〜8月の夏の時季に真っ赤に熟した実をたくさん収穫したら自家製のジャムを作って長期保存します。

〔材料〕(作りやすい分量)
ラズベリー … 200g
(冷凍またはフレッシュ、冷凍の場合は解凍しておく)
グラニュー糖 … 100g
レモン汁 … 小さじ1

1. ホーローまたはステンレスの鍋に、ラズベリーとグラニュー糖を入れて混ぜる。30分おく。
2. ラズベリーから水分が出てきたら火にかけてレモン汁を加える。
3. ヘラで軽くつぶし、鍋底が焦げつかないように時々かき混ぜながら、10分ほど煮つめる。途中アクが出たらすくいとる。
4. サラサラの状態から少し粘度が出てきたら、火から下ろす。
5. 清潔な瓶に移す。長期保存させたい場合は煮沸消毒をした瓶に熱いジャムを入れて脱気する。冷凍保存も可能。

チョコ コーティングの マシュマロケーキ

デンマーク語で Fløde はクリーム、Bolle はボールの意味。泡立てたメレンゲをマシュマロにして、クッキーの上に絞り、チョコレートでコーティングするお菓子です。デンマークでは子どもたちが自分の誕生日にクラスメイトにお菓子を振る舞う習慣があり、その時によく使われるのがこのお菓子なのだそう。年間一人あたり平均約45個も食べられており、スーパーでは手軽なパック詰めも売られ、お菓子屋さんではマシュマロやトッピングに味付けをした特別なフルーボレが売られているのも見かけます。

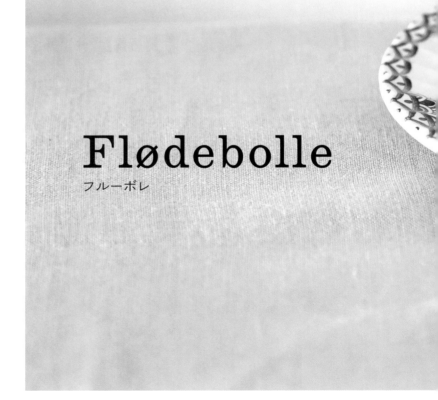

Flødebolle
フルーボレ

No.08

チョコ
コーティングの
マシュマロケーキ

(所要時間)

1時間(＋2時間10分冷やし固める)

(材料)(直径約5㎝ 10個分)

○土台のアーモンドクッキー

| A | アーモンドパウダー … 50g |
| | 粉糖 … 50g |
| 水 … ～小さじ2 |

○マシュマロ

| B | 粉ゼラチン … 小さじ1 |
| | 冷水 … 大さじ1 |
| 卵白 … 2個分(よく冷やす) |
C	水 … 50㎖
	グラニュー糖 … 100g
	水飴 … 30g

○チョコレートコーティング

| ダークチョコレート … 150g |
| 植物油 … 大さじ1 |

※コーティング用チョコレート(P109)を
使用するのもおすすめ。

(準備)

◎直径14㎜の丸口金と絞り出し袋
◎直径5㎝の丸い抜き型
◎温度計
◎ハンドミキサー

Step 1 土台を作る

1

オーブンを180度で予熱する。天板にオーブンペーパーを敷いておく。ボウルに**A**を合わせる。

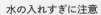

2

様子を見ながら少しずつ水を加えてこね、ひとまとまりになり、手につかないくらいの状態にする。

水の入れすぎに注意

水を入れすぎると焼いた時にダレてしまうので注意。もし水を入れすぎたら、打ち粉用の粉糖(分量外)を揉み込み、ちょうどよい固さに調節する。

3

打ち粉用の粉糖(分量外)を必要に応じて使いながらめん棒で5㎜の厚さに伸ばし、直径5㎝の丸い抜き型で10個分抜き、オーブンペーパーの上に並べる。

4

6～8分、焼き色がつくまで焼き、完全に冷ます。

Step 2 マシュマロを作る

5

Bを小さなボウルに入れ、よく混ぜて10分ふやかしたら、湯せんにかけて溶かしておく。

6

卵白をハンドミキサーで五分立てにする。メレンゲを作る際の注意はP62参照。

7

Cを鍋に入れ火にかける。温度が117度になったら火から下ろす。

8

6の卵白を泡立て続けながら、7を細く糸をたらすように流し込む。

9

ハンドミキサーを最高速にして、艶がありしっかりとした固いメレンゲになるまで泡立てる。

10

5のゼラチンの溶けたボウルに、9を少し入れて手早く混ぜ、9に戻して全体を混ぜる。メレンゲを混ぜるコツはP62参照。

11

直径14mmの丸口金をセットした絞り出し袋に10を入れ、4の上にこんもりと絞る。冷蔵庫で2時間冷やし固める。

12

金属製のボウルに、刻んだダークチョコレートを入れて、60度の湯せんの上に置く。

13

チョコレートが溶けたら、植物油を入れて混ぜる。

艶を出す裏技
油を加えることで、初心者やご家庭でのお菓子作りには難しい、チョコレートのテンパリングという温度調節の作業をしなくても、艶が出てコーティングがしやすいサラサラの状態になる。

14

ボウルかバットの上にワイヤーラックを置き、その上に11を数個並べる。

15

13のチョコレートを上から回しかけて全体をコーティングする。下に落ちたチョコレートはまたボウルに入れて湯せんにかけ、残りのお菓子に使用する。

16

冷蔵庫に10分入れて冷やし固める。

保存について
冷蔵で5日。

メレンゲ生地が残ったら
コーンスターチを広げたバットの中に丸く絞り、上からもコーンスターチをかけて全体にまぶす。冷蔵庫で冷やし固めると自家製のマシュマロになる。

DENMARK

Dammsugare

ダムスーガレ

マジパンに包まれた「掃除機」形のケーキ

正式名称は Punschrulle（プンシュルーレ）ですが、「掃除機」という意味の Dammsugare（ダムスーガレ）がニックネームのお菓子です。中身は、ケーキやクッキーを砕いて、ココアやアラックアロマなどで風味づけし、緑のマジパンで包んだもの。1920年代に流行したチューブ型の掃除機の形に似ていることから、また、菓子店で残ったお菓子のかけらを集めて作られたお菓子だったことから、このニックネームがつきました。全国のカフェや菓子店、スーパーやコンビニでも売られ、Fikaのお供として大人から子どもまで愛されています。デンマークでは、白いマジパンで作られ、「木の幹」という意味の Træstamme（トレスタメ）と呼ばれています。

SWEDEN / + FINLAND / :: DENMARK / ⊞ NORWAY

No.09
マジパンに包まれた「掃除機」形のケーキ

（ 所要時間 ）
1時間20分（+1時間冷やす）

（ 材料 ）（8個分）
○フィリング
スポンジケーキや
ビスケットのかけら … 75g
A｜ココア … 大さじ2
　｜オートミール（ロールドオーツ）
　｜　… 大さじ2
　｜バター … 60g
　｜　（室温に置き柔らかくしておく）
B｜アラックアロマ（右記）
　｜　… 小さじ1〜2
　｜牛乳またはコーヒー
　｜　… 小さじ2〜3
　｜　（合計で小さじ4になるように）
○マジパン（約200g分）
C｜アーモンドパウダー … 60g
　｜粉糖 … 120g
　｜植物油 … 小さじ1
｜卵白 … 〜½個分（溶きほぐす）
｜着色料（緑） … お好みで適量
コーティング用チョコレート
　… 80g（P109／刻む）
※「北欧FIKAキット」もあり（P9参照）

（ 準備 ）
◎フードプロセッサー（あれば工程1を行うことも可能）

Step
1 フィリングを作る

1
フィリング用のスポンジケーキやビスケットのかけらはフードプロセッサーやめん棒で粉砕する。

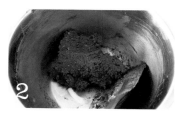

2
ボウルに、1とA、Bを加えて、ヘラで均一になるまで混ぜる。冷蔵庫で30分寝かせる。

大人の風味づけ
アラックアロマ（写真／P108）を加えると、ぐんと大人の味になる。なければラム酒、ブランデー、アーモンドリキュールでもよい。

3
2等分し、それぞれラップに包みながら、長さ25cmの棒状に形作る。冷凍庫で30分冷やし固める。

均一な太さにするコツ
親指と人さし指を輪状にして潜らせるようにすると均一な太さになる。

Step
2 マジパンを作る

4
ボウルにCを入れて、卵白を様子を見ながら少量ずつ加えて手で混ぜる。卵白は入れすぎると柔らかくなりすぎるので注意する。

5
着色したら台の上に出して、色と質感が均一になるまでよくこねる。

固さの調整
柔らかすぎるとベタつくので、粉糖（分量外）を加えて調整する。反対に水分が少なすぎると乾燥して伸ばしにくくひび割れやすくなるので、水（分量外）を数滴ずつ加えてちょうどよい固さにする。

6

マジパンを25×18cmの長方形に伸ばす。ラップ2枚の間にマジパンをはさみ、上からめん棒を転がして、均一な厚みに伸ばす。

きれいに伸ばすコツ
ラップのシワがマジパンにつかないように、時々両面のラップをはがしながら伸ばす。

7

角が丸くなりがちなので、端をカットし、切れ端をつなげてラップをかぶせ、めん棒を転がして長方形にする。

Step 3 マジパンを巻く

8

マジパンのきれいな面が外側になるように置く。接着用にごく少量の水（分量外）をハケで塗る。

9

冷やしておいた3を置いて、ラップごと持ち上げて空気が入らないように巻く。

10

マジパンが重なる部分を3〜5mm残し切り落とす。

11

軽く転がして密着させる。もう1本も同様に巻く。

12

つなぎ目が下になるようにまな板に置き、端を切り落としてから1本を4等分にカットして8つにする。

Step 4 仕上げ

13

水気や汚れのない耐熱容器に、チョコを入れ、電子レンジで30秒加熱し、取り出して混ぜる。2回目以降は10秒ずつ加熱し、取り出して混ぜる。

14

お菓子の端をチョコに浸し、持ち上げて余分なチョコがたれるのを待ってからオーブンペーパーを敷いたトレイに置く。

15

まず片側のみチョコをつけ、チョコが固まったものから順番に反対側もつける。

室温に注意
温かい季節はお菓子が温まり柔らかくなって作業がしにくくなる。また室温が高いとチョコが固まりにくくなるのでトレイごと数分間冷凍庫に入れるとよい。またチョコが冷めて固まってくるときれいにコーティングできないので、再度10秒ほど電子レンジで加熱して溶かしてからつける。

保存について
冷蔵で5日。

SWEDEN / ✚ FINLAND / ▪▪ DENMARK / ✚ NORWAY

37

Chokladboll

ホックラードボール

ココナッツと
アーモンドの
簡単チョコボール

スウェーデン語でチョコレートボールの意味。北欧のカフェで定番のお菓子です。トッピングがココナッツの時は、ココスボールとも呼ばれます。オートミールが入っているので満足感が高く、しっかりした甘さで、ブラックコーヒーとの相性も抜群。トッピングはお好みでパールシュガーや、ローストしたアーモンドダイス、カラフルなチョコスプレーでも。オーブンも火も使わず、混ぜて丸めてまぶすだけという手軽さから、小さな子どもとの初めてのお菓子作りにもぴったりです。

〔 所要時間 〕
30分（+1時間冷やす）

〔 材料 〕（小15個分）
○生地
| バター … 100g
A | グラニュー糖 … 80g
| バニラエッセンス … 数滴
| ココア … 大さじ3
| オートミール（ロールドオーツ）
| … 300㎖（120g）
| 濃いめのコーヒー（または牛乳）
| … 大さじ3（45㎖）
○トッピング
| ココナッツファイン … 20g
| ローストアーモンドダイス … 30g
| （生のアーモンドダイスを150度に
| 予熱したオーブンで10〜15分
| ローストしてもOK）
※「北欧 FIKAキット」もあり（P9参照）

1 耐熱ボウルにバターを入れて、電子レンジで40秒〜1分かけ溶かす。

2 Aを加えてヘラで混ぜる。

3 バットに入れて平らにならし、ラップをして冷蔵庫で1時間冷やす。

4 ナイフで15等分してから、手で丸める。

5 2種類のトッピングの上で半量ずつ、それぞれ転がしてまぶしつけたら完成。

保存について
冷蔵で5日〜1週間。冷凍で1ヶ月。

Column
〔 アレンジの楽しみ方 〕

• 加えるコーヒー（または牛乳）のうち大さじ1を、「アラックアロマ」（P108）に置き換えると、アラックスボールという大人の味のお菓子になります。

• お好みでカラフルなチョコスプレーや、いちごパウダーをまぶしてアレンジすると、可愛くて子どものパーティなどにもぴったりです。

Hallongrotta

ハッロングロッタ

No.11

ラズベリー ジャムの 「洞窟」クッキー

Hallon はスウェーデン語でラズ ベリー、Grotta は洞窟の意味 で、「ラズベリーの洞窟」とい う名前のお菓子です。丸めた 生地に穴をあけて、真っ赤なラ ズベリージャムを流し入れるの が名前の由来。指を使って穴 をあけますが、小さな子どもの 指のサイズがピッタリなので、 我が家ではもっぱら子どもたち のお仕事です。ソフトタイプの クッキーなので、焼き色がつく 前にオーブンから取り出しましょ ょう。

〔所要時間〕
50分（＋30分休ませる）

〔材料〕
（直径3.5cmのベーキングカップ20個分）

A｜バター … 120g
　　（室温に置いて柔らかくしておく）
　｜グラニュー糖 … 60g
　｜バニラオイル … 数滴
　｜レモンの皮 … ½個分
　　（国産有機レモン／表面の黄色い
　　部分のみすりおろす）

B｜中力粉 … 160g
　｜ベーキングパウダー
　　… 小さじ½
ラズベリージャム（P29）… 30g
※「北欧 FIKAキット」もあり(P9参照)

〔準備〕
◎直径3.5cmのベーキングカップ

1

ボウルにAを加えてヘラですり混 ぜる。

2

別のボウルでBを合わせ、1に加 えて、均一になるまで混ぜる。生 地が柔らかい場合は冷蔵庫で30分 休ませる。

3

オーブンを180度で予熱する。生 地を20等分して丸める。

4

少し平たくつぶしてから、ベーキ ングカップに入れ、天板に並べる。 指や調理器具の柄などを使って、 生地に穴をあける。

5

ラズベリージャムを流し入れ、10 〜15分焼く。焼き色はつけなくて よい。

保存について
常温で1週間。冷凍で1ヶ月。

SWEDEN

Chokladsnitt
ホックラードスニット

Kolasnitt
コーラスニット

No.12,13

キャラメル＆ココア風味のカットクッキー

Snitt（スニット）とは「小さくカットしたもの」の意味。生地を大きく伸ばして焼き、オーブンから取り出してまだ柔らかいうちに小さくカットします。冷えると固まってカリカリとした食感になります。ノルウェーではクリスマスの時に食べられているそうです。キャラメル風味(コーラスニット)と、ココアを加えるチョコレート味（ホックラードスニット）の2つを紹介します。

〔 所要時間 〕
40分

〔 材料 〕（各約50個分）
○コーラスニット
| A | 中力粉 … 160g
| | グラニュー糖 … 50g
| | ベーキングパウダー … 小さじ1
| バター … 90g (1.5cmの角切り／冷蔵庫でよく冷やしておく)
| B | バニラオイル … 数滴
| | ゴールデンシロップ … 50g (P109)
| アーモンドダイス … 適量
| （パールシュガーでもOK）
○ホックラードスニット
| コーラスニットと同じ材料
| ココア … 大さじ2

〔 準備 〕
◎フードプロセッサー（あれば工程1〜2を行うことも可能）

コーラスニット

1 ボウルに、Aを入れて、軽く混ぜ合わせ、バターを加えたら指でつぶしながら、粉とすり混ぜてサラサラにする。

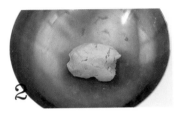

2 Bを加えたら、ひとまとまりになるまで混ぜる。

3 オーブンを180度で予熱する。生地をスケッパーで4等分して棒状に伸ばし、オーブンペーパーを敷いた天板に置く。

4 手でつぶして幅4cm、厚み5mmの帯状にする。焼くと広がるので間隔をあける（天板が小さい場合は2枚に分ける）。アーモンドダイスを散らして軽く押し、10〜15分焼く。

5 焼き上がったら、まだ熱くて柔らかいうちにナイフでカットする。幅は1.5〜2cm。少し斜めにカットするとかっこいい。冷めると固くなるので手早く切る。

ホックラードスニット

1 コーラスニットのAに、ココアを混ぜるだけ。その他の作り方は同じ。写真はパールシュガーをトッピングしたもの。

保存について
常温で10日〜2週間。冷凍で1ヶ月。

SWEDEN / DENMARK / NORWAY

43

アイシング＆
キャラメルの
アーモンドタルト

小さなタルトレットに、アーモンドのフィリングを詰めて焼く、クラシックなお菓子です。シンプルにアイシングで仕上げたものがマザリン、カリカリのアーモンドのキャラメルがけをまとったものがトスカ。この2つは兄弟のような存在で、ショーケースに隣同士に並んでいることが多いです。土台のお菓子は共通なので、ぜひ一緒に作ってみてください。

Tosca
トスカ

Mazarin
マザリン

No.14,15
アイシング＆キャラメルのアーモンドタルト

トスカ　　マザリン

〔所要時間〕
1時間30分
（＋30分休ませる＋30分冷ます）

〔材料〕（直径約7cmのアルミカップ12個分）
○生地（12個分）

A	中力粉 … 200g
	グラニュー糖 … 50g
バター … 100g	
（よく冷えたもの／1.5cmの角切り）	
卵 … 1個（溶きほぐす）	

○フィリング（12個分）

B	グラニュー糖 … 50g
	バター … 50g
	（室温に置いて柔らかくする）
C	アーモンドパウダー … 100g
	ビターアーモンドエッセンス … 数滴（P108／省略可）
卵 … 2個（溶きほぐす）	

○キャラメルアーモンド（トスカ・6個分）

D	バター … 20g
	ハチミツ … 大さじ2
	生クリーム … 大さじ2
	アーモンドスライス … 40g
	グラニュー糖 … 大さじ2

○アイシング（マザリン・6個分）

E	粉糖 … 70g
	レモン汁 … 小さじ1
水 … 〜小さじ1（少量ずつ加える）	

※「北欧FIKAキット」もあり（P9参照）

〔準備〕
◎直径7cmのアルミカップ、またはタルトレット型、マフィン型
◎フードプロセッサー（あれば工程1〜2を行うことも可能）
◎直径10cmの抜き型またはお椀（型抜き用）

Step 1 土台を作る

ボウルに、**A**を入れて混ぜ、バターを加えて素早く指でつぶすように細かくし、サラサラの状態にする。

卵を加え、ひとまとまりになるまで混ぜる。ラップに包んで冷蔵庫で30分休ませる。

Step 2 フィリングを作る

ボウルに、**B**を入れ、ヘラで滑らかになるまで混ぜる。

Cを加え、粉気があらかた消えるまで混ぜる。

卵を加えて均一になるまで混ぜる。

Step 3 成形〜焼く

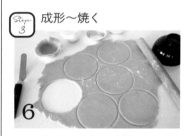

オーブンを200度に予熱する。2の生地を台の上に出し、めん棒を転がして、3mmの厚みに伸ばす。必要に応じて強力粉（分量外）を打ち粉として使う。

抜き型またはお椀を生地にあて、型よりひと回り大きな丸形に抜く。

8

型に敷きつめ、型の底と側面に密着するように指で押さえ、はみ出た生地はナイフで切り取る。

Stage 4 仕上げ（トスカ）

11

鍋に、Dを入れて、火にかける。時々かき混ぜながら加熱し、きつね色になってきたら火から下ろす。

15

アイシングを作る。Eを混ぜ、水を少しずつ加えて混ぜる。水を入れすぎるとゆるくなるので、シリコンスプーンなどでよく混ぜながら加える。

9

天板に並べ、5を12等分して入れる。表面を平らにならす。

トスカ用は天板にホイルを敷く
焼いた後に、キャラメルが溢れて天板にくっつくことがあるので、天板にアルミホイルを敷いておくと、冷めた後にはがしやすい。

12

10の6個分の上に11をスプーンで6等分にしてのせ、再度オーブンに戻す。

アイシングの固さ目安
持ち上げて、とろりと落ちたアイシングが、時間をかけて平らになり、跡が消えるくらいの固さがよい。

13

6～8分、キャラメルにこんがりと焼き色がつくまで焼いたら、取り出して冷ます。

Stage 5 仕上げ（マザリン）

16

スプーンの背で、14にアイシングを塗り広げ、そのまま乾かして、固まれば出来上がり。

保存について
冷蔵で5日。

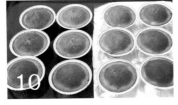

10

予熱が完了したらオーブンで20分焼く。焼けたら取り出して、オーブンはそのままにする。

14

10の6個分を、オーブンペーパーに逆さまに置いて冷ます（表面が平らになりアイシングが塗りやすい）。

SWEDEN / FINLAND / NORWAY

47

Radiokaka

ラーディオカーカ

「ラジオ」の形の
チョコ
ビスケット

このお菓子が「ラジオのケーキ」と呼ばれるようになったのは、1920年代に流行した「ラジオパーティ」で、音を鳴らさずに気軽に食べられるお菓子として誕生したという説、もしくは、チョコレートとビスケットが層になった断面が、スピーカーグリルのついたレトロなラジオに似ていたことからと言われています。オーブンを使わずに簡単に作れるのも魅力です。

（ 所要時間 ）
25分（+3時間寝かせる）

（ 材料 ）
（18×8cmのパウンド型1台分／約10個分）

A｜ ココナッツオイル … 100g
　｜ ダークチョコレート
　｜ … 100g（刻む）
B｜ 卵 … 1個
　｜ 粉糖 … 80g
ビスケット … 50g
　（約12枚／マリービスケットなど）

（ 準備 ）
◎ 18×8cmのパウンド型（型に合わせて底と側面にオーブンペーパーを敷いておく）
◎ ハンドミキサー

1 鍋にAを入れて、弱火で溶かし、粗熱を取る。

2 ボウルにBを入れ、ハンドミキサーで白っぽくふんわりするまで泡立てる。

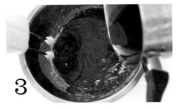

3 2に1を少しずつ加えながらハンドミキサーで混ぜ合わせる。

4 型の底に3を1cmの層になるように広げ、ビスケットを並べる。型の大きさに合わせてビスケットの端をカットしてぴったりおさまるようにするとよい。

5 3を入れて塗り広げ、その上にまたビスケットを並べる。これを繰り返しチョコとビスケットの層を作る。最後は チョコの層で覆う。

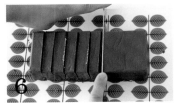

6 完全に冷え固まるまで冷蔵庫で3時間寝かせる。型から取り出しオーブンペーパーをはがし、幅1.5cmにスライスする。

保存について
冷蔵で5日。冷凍で1ヶ月。

SWEDEN / ✚ FINLAND / ::: DENMARK / ✚ NORWAY

Pepparkaka
ペッパーカーカ

No.17

パリッと薄焼き
ジンジャー
クッキー

スパイスの配合が絶妙でパリッと薄焼きのジンジャークッキー。北欧各地で1300年代頃から食べられています。スウェーデンには「ペッパーカーカを食べると優しくなれる」というなんとも可愛らしい言い伝えがあります。スパイスが胃腸の不快感を取り除き、心を落ち着かせてくれる薬のような存在と考えられていたためだそうです。

〔所要時間〕
1時間（＋一晩寝かせる）

〔材料〕(40〜50枚分)
A｜グラニュー糖 … 150g
　｜生クリーム … 60g
　｜ゴールデンシロップ … 60g
　｜（P109／なければ黒蜜でもOK）
バター … 130g
B｜中力粉 … 340g
　｜シナモンパウダー … 小さじ1
　｜カルダモンパウダー … 小さじ1
　｜ジンジャーパウダー … 小さじ1
　｜クローブパウダー … 小さじ⅔
　｜ビターオレンジの皮パウダー
　｜　　… 小さじ⅔
　｜（ネットで購入可能／省略可）
　｜重曹 … 小さじ½
アイシング … 適量
　（お好みで。P47参照）
※「北欧FIKAキット」もあり(P9参照)

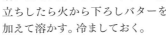

1

鍋にAを入れて火にかけ、ひと煮立ちしたら火から下ろしバターを加えて溶かす。冷ましておく。

2

ボウルにBを混ぜ合わせてふるい、1を加えて均一になるまで混ぜ、ひとまとまりにする。よく混ざっていないと表面がでこぼこになるので注意。

3

ラップに包んで冷蔵庫で一晩寝かせる。オーブンを180度で予熱する。

4

オーブンペーパーの上で生地をめん棒で2〜3mmの薄さに伸ばす。生地がベタつく場合のみ、打ち粉（分量外）を使う。

5

型で抜いてオーブンペーパーを敷いた天板にパレットナイフで間隔をあけて並べる。

生地は冷えた状態で
温まると扱いにくくなるので、なるべく冷えた状態のまま伸ばしたり抜いたりする。また、冷蔵庫で冷やしながら、少量ずつ取り出して作業するとやりやすい。

オーブンペーパーの上で抜いても
生地を移動させるのが難しい場合は、オーブンペーパーの上で型を抜き、竹串やパレットナイフで余分な生地を取り除き、そのまま天板にのせて焼く。

6

周囲にほんのり焼き色がつくまで7〜10分焼く。冷めると固くパリパリになるが柔らかい場合は追加で焼く。

お好みでアイシングをコルネ(P84)につめてデコレーションする。

保存について
常温で10日。

Column

〔 季節ならではのお菓子の楽しみ 〕

年間を通じて「お菓子の日」がある

　お菓子には、それぞれこの日に楽しむという日があります。これらの多くは、製菓材料製造業者や、パン・菓子協会により、販促目的で設定されたのが最初ですが、特にスウェーデンの人はお菓子が大好きなので、しっかり定着し、北欧諸国にも広がりました。その日が近づくと、各ベーカリーは、こぞって自慢のお菓子を宣伝します。

　この本で紹介しているお菓子の日が下の表です。これ以外にもナショナルデー（建国記念日）や、夏至祭、クリスマスシーズンにはその時だけ食べる定番のお菓子が登場します。

　なかでも特に盛大に祝われているのは、セムラの日とシナモンロールの日です。家庭で作られるのはもちろん、各ベーカリーは朝から大忙し。大量の仕込みをして、人気店には長い行列ができます。シナモンロールの日には、人口1000万のスウェーデンで、1日に700万個のシナモンロールが購入され、家庭で作られるものも含めると、さらに多くのシナモンロールが消費されています。会社でもこの日には社員全員分のシナモンロールを会社負担で用意してFikaの時間に振る舞います。

Fikaカレンダー例

1月10日	マザリンの日（P44）
1月12日	マジパンの日
2月3日	にんじんケーキの日（P58）
2月3日〜3月9日で変動	セムラの日（P16）[a]
3月7日	ダムスーガレの日（P34）
3月25日	ワッフルの日（P100）
5月1日	メレンゲロールケーキの日（P60）
5月11日	チョコボールの日（P38）
9月最終週	プリンセストルタの週（P74）
10月4日	シナモンロールの日（P10）
11月7日	クラッドカーカの日（P64）
11月10日	りんごケーキの日（P54）[b]
12月9日	ペッパーカーカの日（P50）
12月13日	ルッセカットの日（P22）[c]

b

c

[a] ペッパーカーカの家。 [b] ペッパーカーカのクリスマスオーナメント。ストローで穴をあけ、焼いてからアイシングで模様を描いて、リボンを通すのも可愛い。[c]1週ずつキャンドルを灯す、アドヴェントフィーカ。[d] キャラメル菓子、クネック。

最も盛り上がるのはクリスマス

　日頃からお菓子を作る家庭は多いですが、この季節はさらに多くの人がお菓子を作ります。クリスマスのFikaでは、コーヒーの代わりに、スパイス入りのホットワイン（グロッグ）が飲まれることも多く、この季節にショッピングセンターに行くと、「ご自由にどうぞ」と書かれたノンアルコールのグロッグと、ペッパーカーカ（P50）が店頭に置かれているのをよく目にします。

　12月13日には、光の聖人ルシアを祝う「ルシア祭」があり、幼稚園や学校では、ルシアやトムテの衣装を身につけた子どもたちが歌いながら行進し、教会ではコンサートが行われます。この日にはルッセカット（P22）と共にFikaをします。クリスマス前の日曜日（4回）には、クリスマスまでのカウントダウンを行い、毎週1本ずつキャンドルに火をつけていきます。そして、その火を囲みながら、クリスマスならではのお菓子でFikaを楽しみます。

　クリスマス休暇に入った子どもたちは、クリスマスのお菓子作りをします。なかでも、ルッセカットやペッパーカーカが定番で、ペッパーカーカで作ったお菓子の家に、カラフルなキャンディを飾りつけるのは、子どもたちが大喜びする毎年恒例の行事です。

　スウェーデンでは、他にもクネックという小さなキャラメルのお菓子や、ストルーバという星形の揚げ菓子、ユールグロットという、スパイス入りミルク粥などをこの季節に作ります。

　デンマークには、エイブルスキーバーという球状の焼き菓子や、クライナーという揚げ菓子、フィンランドにはヨウルトルットゥというパイ菓子（P94）、ノルウェーでは7種類の焼き菓子をクリスマスに食べる習慣があり、各国それぞれのクリスマスシーズンのお菓子があります。

No.18
おばあちゃんの
庭の
りんごケーキ

スウェーデンでは、庭にりんごの木がある家が多く、我が家の近所の広場や公園にもりんごの木があり、とても身近な果物です。毎年9月頃に、家族ぐるみで仲良くしているおばあちゃんの家の庭にりんごがなると、子どもたちと一緒に収穫のお手伝いをしに行きます。いただいてきたりんごで、スパイスの香りがたまらないケーキ、エッペルカーカを焼いたら、またそれを持っておばあちゃんのお家にFikaをしに行くのです。

Äppelkaka

エッペルカーカ

好きなサイズに切り分けていただくことのできる大きなケーキは、大人数の時や、人数がはっきりわからない時にもちょうどいい。森や庭で果物やベリーを収穫した時は、生地に焼き込んだり、トッピングに使って季節を味わいます。

Part **3** 大きいケーキ

No.18

おばあちゃんの庭の りんごケーキ

（ 所要時間 ）
1時間10〜20分

（ 材料 ）（15cmの丸型1台分）
○フィリング
　りんご … 大1個
　　（正味150g／1.5cmのくし形に切る）
　A｜シナモン … 大さじ½
　　｜カルダモン … 小さじ½
　　　（粗挽きがよいが、
　　　なければパウダーでもよい）
　　｜グラニュー糖 … 大さじ1
○生地
　B｜バター … 50g
　　｜（室温に置き柔らかくしておく）
　　｜グラニュー糖 … 90g
　卵 … 1個
　　（室温に戻しておく／溶きほぐす）
　C｜中力粉または薄力粉 … 110g
　　｜ベーキングパウダー … 小さじ½
　牛乳 … 50㎖
パールシュガー … 大さじ½

（ 準備 ）
◎15cmの丸型（底と側面にオーブンペ
ーパーを敷いておく）
◎ハンドミキサー

1 オーブンは170度で予熱する。ボウルにAを入れてヘラで混ぜたら、りんごを加えてまぶしておく。

2 別のボウルにBを入れてヘラで均一になるまで混ぜ、ハンドミキサーで空気を含ませるようにして泡立てる。

3 卵を3回に分けて加えながら、そのつどハンドミキサーで撹拌する。

4 別のボウルに、Cを合わせてから、3にふるい入れる。

5 ヘラで、こねないようにさっくり混ぜる。

6 粉気が消えたら、牛乳を加えて均一になるまで混ぜて、丸型に入れ、表面を平らにならす。

7 1を放射状に並べ、パールシュガーをふる。オーブンで40〜50分焼く。竹串を刺して生の生地がついてこなければ焼き上がり。

8 焼き上がったら粗熱を取って型から取り出す。

保存について
冷暗所で3日。

Morotskaka

モーロットスカーカ

No.19
スパイス入り にんじんケーキ

Morot＝にんじん、Kaka＝ケーキのこと。スウェーデンでは、Morotskakans dag「にんじんケーキの日」(2月3日)があるほど人気のおやつ。すりおろしにんじんにカルダモンをきかせてしっとり焼き上げたケーキに、レモンが香るクリームチーズフロスティングを塗ります。マジパンで作ったにんじんをのせても可愛い！

〔所要時間〕
1時間10〜15分

〔材料〕(18cmの丸型1台分)
卵 … 2個
グラニュー糖 … 160g
A 中力粉 … 130g
　　(または薄力粉でもOK)
　 ベーキングパウダー … 小さじ1
　 重曹 … 小さじ½
　 シナモンパウダー … 小さじ2
　 カルダモンパウダー … 小さじ1
　 ジンジャーパウダー … 小さじ1
　 塩 … ひとつまみ
にんじん … 2本
　(すりおろす／正味200g)
植物油 … 80g
バニラオイル … 数滴
○クリームチーズフロスティング
　B 無塩バター … 40g
　　(室温に置いて柔らかくしておく)
　 クリームチーズ … 40g
　　(室温に置いて柔らかくしておく)
　C レモンの皮 … ½ 個分(有機
　　／黄色い部分のみすりおろす)
　 レモン汁 … 小さじ1
　 粉糖 … 120g
○デコレーション
　 にんじん … 適量(すりおろす)

〔準備〕
◎18cmの丸型(型の底と側面にオーブンペーパーを敷いておく)
◎スライサーまたはフードプロセッサー(にんじんのすりおろし用)
◎ハンドミキサー

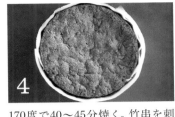

170度で40〜45分焼く。竹串を刺してみて生の生地がついてこなければ焼き上がり。粗熱が取れたら型から外して冷ます。

オーブンは170度で予熱しておく。ボウルに卵とグラニュー糖を入れてハンドミキサーで白っぽくふんわりするまで泡立てる。

クリームチーズフロスティングを作る。ボウルにBを入れて練り混ぜる。Cも加え、均一になるまで混ぜる。

別のボウルにAを合わせてふるいにかけておき、1に加える。ヘラで粉気が消えるまで混ぜる。

ケーキの上に5をのせて伸ばす。

にんじん、植物油、バニラオイルを加えて混ぜ、型に流し入れる。

にんじんのすりおろしをのせる。

保存について
冷蔵で3〜4日。

SWEDEN / ✛ FINLAND / ✦ DENMARK / ✛ NORWAY

Budapestrulle

ブダペストルーレ

No.20
ヘーゼルナッツ風味のメレンゲロールケーキ

ハンガリーの首都の名を冠したケーキですが、れっきとしたスウェーデンのお菓子で、街のカフェやベーカリーの定番です。国内外のいろいろな都市でコンサルタントとしてお菓子を作ったスウェーデン人菓子職人が1969年頃に発明して、人気を博しました。ヘーゼルナッツパウダーの入ったメレンゲを絞り出して焼いた生地で、無糖の生クリームとフルーツを巻き込んだロールケーキ状のお菓子。その当時、働く女性が増えて手軽に作れるデザートが求められたため、中に入れるフルーツは缶詰のミカンが定番になりました。フレッシュなベリーを使うのはその豪華版。夏には森や野原に自生するラズベリーを、子どもたちと摘んで、このお菓子を作ります。

〔所要時間〕
50分（+冷ます時間30分）

〔材料〕(24cm)
○生地
| ヘーゼルナッツ … 45g
　（生・皮付き／アーモンドで代用可）
| コーンスターチ … 25g
| グラニュー糖A … 30g
| 卵白 … 3個分
　（冷蔵庫でよく冷やしておく）
| グラニュー糖B … 60g
○フィリング
| 生クリーム … 200mℓ
| ラズベリー … 30粒
　（生／ミカンや杏の缶詰で代用可）
ダークチョコレート … 10g
　（P109／刻んで湯せんで溶かす）
粉糖 … 適量
ミントの葉 … 適量

〔準備〕
◎直径10mmの丸口金と絞り出し袋（生地用）
◎8切3号の星口金と絞り出し袋（生クリーム用）
◎セロファンで作ったコルネ（P84）
◎フードプロセッサー
◎ハンドミキサー

Step 1　生地を作る

1 オーブンは200度に予熱しておく。天板にオーブンペーパーを敷き、絞り出し袋に丸口金をセットしておく。

2 ヘーゼルナッツをフードプロセッサーにかけて粉砕する（少し粒が残っているくらいがおいしい）。

ヘーゼルナッツが決め手
アーモンドでも代用可能だが、生・皮付きのヘーゼルナッツを使って粉砕すると、香りが格別で本格的になる。

3 コーンスターチ、グラニュー糖A、2を合わせてふるっておく（ふるいに残った大きい粒のヘーゼルナッツはそのまま混ぜる）。

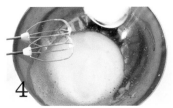

ボウルに卵白を入れ、ハンドミキサーで泡立てる。五分立てになったらグラニュー糖Bを3回に分けて加え、そのつどよく撹拌する。

メレンゲを作る際の注意
卵白はメレンゲを立てる前によく冷やしておく。ミキサーの羽根やボウルなどの器具に油分や汚れがついているとメレンゲがうまく泡立たないのでよく洗って水気をよくふいておく。

合わせてふるっておいた3を一気に加えて、ヘラで、メレンゲの泡が消えないように手早く混ぜる。

メレンゲを混ぜるコツ
ヘラで縦に切り込み、そのまま手首を返してボウルのカーブに沿わせるように底から横へとヘラで「の」の字を描く。反対の手はボウルを奥から手前に向けて回す。生地の気泡をつぶさないよう、下から上に持ち上げて下ろすイメージ。混ぜすぎたり混ぜるのに時間がかかるとメレンゲがつぶれて生地がだれ、絞り出せなくなるので手早く混ぜ終わることが重要。

8で絞った跡がそのまま残るくらいの固さで混ぜるのを止める（部分的に少し粉気が残っているくらいでよい）。

生地用の絞り出し袋に空気が入らないようにスケッパーで寄せながら生地をつめる。

絞り出し袋を持つコツ
絞り出し袋は上部をひねって常にピンと張っている状態を保つ。上部を持つ利き手の力だけで絞る。もう一方の手は支えるだけで力は入れないのがポイント。

オーブンペーパーの上に、24cm長さのライン状にすき間なく絞る。

Stage 2 焼く〜仕上げ

200度で8〜10分焼く。焼きすぎると、巻いた時に割れてしまうので注意。表面に焼き色がついたら取り出す。

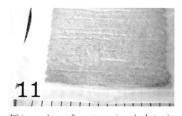

新しいオーブンペーパーを上にかぶせてひっくり返し、そのまま冷ます（乾燥すると割れやすくなるのでオーブンペーパーにはさんだまま冷ます）。

ちぎれないように気をつけながら端から丁寧にはがす。

しっかり角が立ち、きめの細かい固いメレンゲになるまで泡立てる。

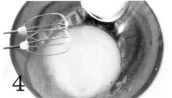

13

生クリームを氷水にあてて冷やしながら無糖のままハンドミキサーで泡立てる。デコレーション用を少し残して固めに泡立てる。

14

クリームを生地の裏面にのせ、パレットナイフで均一に伸ばす。クリームは触りすぎると分離するのでなるべく手早く塗り広げる。

15

ラズベリーはデコレーション用に残しておき2列に並べる。

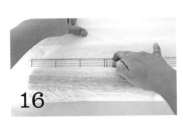

16

オーブンペーパーごと手前から持ち上げてくるりと巻く。オーブンペーパーの上から定規などで押さえると巻きを締めることができる。

17

巻き終わりを下にしてそのまま置いておく。

18

コルネに溶かしたチョコを入れ、先を切り、ケーキの上にチョコでラインを描く。

チョコの溶かし方
刻んだチョコレートを湯せんまたは電子レンジで15秒加熱して溶かし、混ぜて余熱で溶かす。溶けきらないようであれば様子を見ながら5秒ずつ加熱する。セロファンで作ったコルネに入れてテープでとめる。

19

茶こしで粉糖をふるい、残してあったクリームを星口金をつけた絞り出し袋につめて上部に絞る。

20

残しておいたラズベリーとミントを飾り完成。

保存について
冷蔵で3日。

Column
（アレンジ）

ミカンのブタペストルーレ。缶詰のミカンを使って中に入れたお手軽バージョン。こちらが定番。

Kladdkaka

クラッドカーカ

No.21

焼き込まない しっとり チョコケーキ

ベタベタどろどろのケーキという意味。外はカリッと、中はあえて焼き込まずしっとりと、ベーキングパウダーを使わないのが特徴。戦時中にベーキングパウダーが手に入らず、入れずにブラウニーを焼いてみたら、膨らまなかったけど思いのほかおいしく、レシピが広まったという、失敗から生まれたお菓子なのです。ガトーショコラと比べて、チョコレートも使わず、焼き時間も短い簡単チョコレートケーキ。子どもとのお菓子作りにもぴったりです。

〔所要時間〕
30分

〔材料〕(18cmの丸型1台分)
○生地
| A | 卵 … 2個
| | グラニュー糖 … 160g
| | 塩 … ひとつまみ
| B | バター … 100g (溶かしておく)
| | バニラオイル … 数滴
| C | ココア … 大さじ4
| | 中力粉または薄力粉
| | … 170g
○トッピング
| 生クリーム(無糖)または
| バニラアイスクリーム … 100ml
| 粉糖、ココア、ベリーなど
| … 各適量(お好みで)

〔準備〕
◎18cmの丸型 (底と側面にオーブンペーパーを敷いておく)

1 オーブンを200度で予熱しておく。型は天板にのせておく。ボウルに、Aを入れ、泡立て器でよく混ぜる。

2 Bを加え、均一になるまでよく混ぜる。

3 別のボウルにCを合わせ、2にふるい入れる。

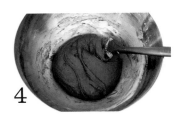

4 ヘラで粉気がなくなるまで混ぜる。

5 1の型に流し入れる。表面を平らにならす。

6 約15分焼く。粗熱を取り、型から外し、冷ます。

おすすめの食べ方
ほんのり温かいまま、または冷やしてもおいしい。お好みで無糖のままゆるめに立てた生クリームまたはバニラアイスクリームを添え、粉糖、ココア、ベリーなどをデコレーションする。

保存について
冷蔵で5日。冷凍で2週間。

SWEDEN / FINLAND / DENMARK / NORWAY

65

Blåbärspaj

ブローバールスパイ

No.22
森の
ブルーベリーパイ

スウェーデンの森にはブルーベリーが広く自生していて、夏になると、専用の「摘み器」を持って森へ行き、カゴいっぱいのブルーベリーを収穫します。そしてお菓子を焼いたり、スムージーにしたり、ジャムを煮たり、冷凍保存して冬の間も長く楽しみます。中でも定番なのがこのパイ。パイといっても、クランブルをのせて焼くだけの気軽なもの。家の裏で摘んできたばかりのベリーを使って、その日のFikaを用意する、そんな肩ひじ張らない気軽さがちょうどいいのです。そしてバスケットに入れて近所の芝生でピクニックFika。焼きたてのまだ温かいパイに、冷たいバニラアイスを添えていただきます。

No.22
森の
ブルーベリーパイ

（所要時間）
35分

（材料）(直径22cmの耐熱皿分)
○フィリング

A｜ブルーベリー … 300g
　　（冷凍の場合は解凍しておく）
　　グラニュー糖 … 100㎖(90g)
　　片栗粉 … 大さじ2

○クランブル生地

B｜グラニュー糖 … 50㎖(45g)
　　オートミール(ロールドオーツ)
　　… 150㎖(60g)
　　中力粉 … 150㎖(100g)
　　バター … 120g (よく冷えた
　　もの／2cm幅の角切り)

バニラアイス … お好みで適量

（準備）
◎フードプロセッサー (あれば工程2
を行うことも可能)

1

オーブンは220度で予熱する。耐
熱皿にAを入れて全体になじむま
で混ぜる。

2

クランブル生地を作る。ボウルに
Bを入れて、手でつぶしながら混
ぜてそぼろ状にする。

3

1の上に2を広げる。

4

オーブンで20〜25分、表面にこん
がり焼き色がつくまで焼く。

おすすめの食べ方
オーブンから取り出したら粗熱を取り、
まだ温かいうちにお皿に盛り付け、お
好みでバニラアイスを添えて食べる。
冷やしてから食べてもおいしい。

保存について
冷蔵で5日。

Column

（ 一家に一台、ブルーベリー摘み器 ）

森でブルーベリーが収穫できる北欧で
は、専用の摘み器が一般的。持ち手の
ついた熊手のような箱で、茂みをすくうと
実だけが残る優れもの。我が家には子ど
も用も含め3台常備。

Rabarberpaj

ラバルベルパイ

No.23

初夏を告げる甘酸っぱいルバーブパイ

ルバーブはタデ科の植物で、強い酸味が特徴。生はシャキシャキと硬いのですが、砂糖で甘く味つけし加熱することで、フルーティーな香りが引き立ち、トロッとした食感に。お菓子やジャム、サフトという濃縮シロップ（水や炭酸で割って飲む）を作るのにもぴったり。スウェーデンでは庭や家庭菜園、幼稚園の園庭でもルバーブがよく栽培されており、5月頃から夏までの定番デザートです。P66のブルーベリーパイ同様に、クランブル状の生地をフルーツの上にのせて焼くSmulpaj（スムールパイ）で、庭でりんごが収穫できる季節にはりんごのパイを焼きます。

〔所要時間〕
40分

〔材料〕(直径22cmの耐熱皿分)
○クランブル生地
(P68と同じ)
○フィリング
ルバーブ … 500g
　(道の駅、百貨店の生鮮売り場、
　ネットで購入可能)
グラニュー糖 … 200ml（180g）
片栗粉 … 大さじ1
バニラアイス … お好みで適量

〔準備〕
◎フードプロセッサー（あれば工程3を行うことも可能）

1
オーブンは220度に予熱する。ルバーブは1.5cmの角切りにする。

2
耐熱皿に1を入れ、グラニュー糖と片栗粉をふりかけてあえる。

3
クランブル生地を作る。ボウルにグラニュー糖、オートミール、中力粉、バターを入れ、指先でつぶしてそぼろ状になるように混ぜる。

4
2の上に3をのせる。

5
220度のオーブンで25分、焼き色がつくまで焼く。途中で焦げそうになったらアルミホイルをかぶせる。オーブンから取り出し粗熱を取る。

おすすめの食べ方
まだ温かいうちにお皿に盛り付け、お好みでバニラアイスを添えて食べる。冷やしてから食べてもおいしい。

保存について
冷蔵で5日。

Mokkapala

モッカパラ

No.24
子どもも好きな コーヒー入り ケーキ

特にフィンランドの家庭でよく作られるブラウニーのようなケーキ。Mokka=モカ、Pala=ピースの意味の通り、大きな天板で焼いてから、コーヒー風味のチョコフロスティング、カラフルなチョコスプレーで飾り、四角く切り分けます。子どもにも大人気で、誕生会や学校のバザーでもよく売られています。

〔 所要時間 〕
50分（＋40分冷ます＋10分冷やす）

〔 材料 〕
（26×20cmの耐熱バット1台分／12個分）
○生地
A	卵 … 2個
	グラニュー糖 … 100g
	バニラオイル … 数滴
B	中力粉または薄力粉 … 170g
	ココアパウダー … 大さじ3
	ベーキングパウダー … 小さじ1
C	バター … 100g（溶かしておく）
	牛乳 … 100ml
○フロスティング
D	バター … 50g
	濃いコーヒー … 40ml
E	粉糖 … 140g
	ココアパウダー … 大さじ2
	バニラエッセンス … 数滴
○トッピング
| F | チョコスプレーやアラザンなど … 各適量 |

〔 準備 〕
◎26×20cmの耐熱バット（底と側面にオーブンペーパーを敷いておく）
◎ハンドミキサー

Step 1 生地を作る〜焼く

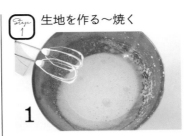

1 オーブンを200度に予熱する。ボウルにAを入れ、ハンドミキサーで白っぽくもったりするまで泡立てる。

2 別のボウルで、Bを合わせておき、その⅓量を1にふるい入れる。ヘラで粉気がなくなるまで混ぜる。

3 Cを混ぜ合わせ、その⅓量を2に加えて混ぜる。

4 2、3を繰り返して、残りを加え、生地が均一になるまで混ぜる。

5 耐熱バットに生地を入れ、平らにならす。天板にのせ、オーブンで15〜20分焼く。粗熱が取れたら、バットから取り出して冷ます。

Step 2 フロスティングを作る〜仕上げ

6 小鍋にDを入れて加熱し、バターを溶かし、粗熱を取る。

7 別のボウルに、Eを入れ、6とバニラエッセンスを加えて泡立て器で滑らかになるまで混ぜる。6が温かくゆるい場合は冷蔵庫で冷やす。

8 5の上に、7を塗り、Fを飾る。冷蔵庫で10分冷やし、四角く切る。

保存について
冷蔵で5日。冷凍で1ヶ月。

Part 4

特別な日のお菓子

誕生日やクリスマス、各国のナショナルデー（国家の日）や、特別なお祝いの日などに、北欧で食べられているお菓子を紹介します。

Prinsesstårta

プリンセストルタ

プリンセスの
愛した
マジパンケーキ

スウェーデンで一番人気といえば、間違いなくこのケーキ。1930年代に、ある家政学教師が考案し、レシピ本に掲載しました。当初はグリーンケーキという名前でしたが、彼女の生徒だった3人の王女たちのお気に入りとなったことから、プリンセストルタ（トルタ＝ケーキ）と呼ばれるようになりました。誕生日には自分でケーキを用意して同僚や友人に振る舞う習慣のあるスウェーデン。このケーキはどこでも買えますが、スーパーにはスポンジケーキや、着色済みのシート状マジパンなども売られているので、手作りして持参する人も多くいます。緑色が個性的で、最初は驚くかもしれませんが、見た目よりもずっと軽い口当たりとバランスのとれた味わいで、日本の人にも食べやすいケーキです。

SWEDEN / ✚ FINLAND

No.25
プリンセスの愛した
マジパンケーキ

（所要時間）
1時間20分（+冷ます時間40分）

（材料）（直径15cmの丸型）
○スポンジ
| 卵 … 2個
| グラニュー糖 … 60g
| 薄力粉 … 60g
| 無塩バター … 10g
| 牛乳 … 10g
ラズベリージャム … 130g（P29）
○カスタードクリーム
| 卵黄 … 1個分
| グラニュー糖 … 大さじ1½
| コーンスターチ … 大さじ1
| 牛乳 … 100ml
| 無塩バター … 5g
| バニラエッセンス … 数滴
生クリーム … 200ml
○マジパン（200g）
| アーモンドパウダー … 60g
| 粉糖 … 120g
| 植物油 … 小さじ1
| 卵白 … ～½個分（溶きほぐす）
| 着色料（黄緑、赤）… 適量

（準備）
◎直径15cmの丸型（底と側面にオーブンペーパーを敷いておく）
◎ハンドミキサー
◎2cmと2.5cmの抜き型（花びら用）
◎回転台（あると便利）

Step 1 スポンジを作る

1
オーブンは180度に予熱。ボウルに卵を割り入れ、グラニュー糖を混ぜ、湯せんにかけて混ぜながら人肌より少し温かくなるまで温める。

2
別の小さなボウルに無塩バターと牛乳を入れ湯せんで溶かす。

3
ハンドミキサーを高速にして、1を白っぽくふんわり、たらした生地で「の」の字が書けるくらいに泡立てる。

4
3の生地に薄力粉をふるい入れ、ヘラで手早く混ぜる。

5
粉気が消えたら、2に4を少量入れてよく混ぜ、それをもう一度4に戻し、手早く混ぜる。

6
型に流し入れ、オーブンで25〜28分焼く。

7
竹串で刺して引き抜いた時に生の生地がついてこなければ焼き上がり。型から外して冷ます。

8
粗熱が取れたらラップにくるんで完全に冷ます。冷ましている間にカスタードクリームを作る。作り方はP80、*Step3*参照。

マジパンを作る

Stage 2

9

ボウルにアーモンドパウダー、粉糖、植物油を混ぜて、卵白を様子を見ながら少量ずつ加えて手で混ぜる（入れすぎ注意）。

13

生クリームはよく冷やしてから無糖で泡立てる。カスタードクリームはヘラまたはハンドミキサーでほぐしてコシを切る。

17

伸ばしたマジパンをめん棒に巻き取って、ケーキにかぶせ、カーブに合わせて手で密着させ端をカットする。

10

20g分取り分けて花びら用に赤色の着色料でピンク色にする。残りに黄緑色の着色料を混ぜる。

14

マジパンは粉糖（分量外）を打ち粉として使いながらオーブンペーパーの上で直径30cmに伸ばす。

18

少量取り分けてピンクにしたマジパンを、大小の抜き型で抜き、花びらを作る。

11

台に出してこね、柔らかすぎたら粉糖（分量外）を、固すぎたら残りの卵白または水を少量ずつ加え、扱いやすい固さに調節する(P36参照)。

15

あれば回転台の上でスポンジ、ジャム、スポンジ、カスタード、スポンジの順番で重ねて、泡立てた生クリームを塗っていく。

19

小さい丸を軸にして、そのまわりに巻きつけるとバラの花ができる。余った黄緑のマジパンを葉っぱ形にカットし、ナイフの背などで葉脈の線を引く。

ケーキを組み立てる

Stage 3

12

8をナイフで1cmの厚さにスライスする。均一な厚みにスライスするにはルーラー、または、ホームセンターで買えるアルミの棒2本で代用することも可能。

16

一番上の生クリームを厚くし、全体をドーム状に覆う。生クリームは撫でつけすぎず手早く行う。

20

粉糖（分量外）をふるい、くぼみを作ってバラの花と葉っぱをおく。

保存について
冷蔵で2〜3日。

SWEDEN / ✚ FINLAND

Nationaldagsbakelse
ナフォナールダーグスバーケルセ

No.26

ナショナルデー のいちご タルトレット

スウェーデンのナショナルデー（建国記念日）として、6月6日が正式に祝日に定められたのは2005年のこと。この新しい祝日を祝うために、ケーキコンテストが行われ、見事王座に輝いたのがいちごのタルトレットでした。なぜいちごかというと、スウェーデンでは6月のこの季節を象徴する果物だから。同じくスウェーデンを象徴する花（Prästkrage プレストクラーゲ）をマジパンで型取り、スウェーデンの国旗を飾ります。

〔所要時間〕
2時間40分（＋1時間休ませる）

〔材料〕（直径7cmのマフィン型10個分）
○タルト生地（作りやすい分量）
　バター … 90g
　　（室温に置いて柔らかくしておく）
　グラニュー糖 … 70g
　卵 … 1個（室温に戻しておく）
　中力粉 … 180g
○アーモンドクリーム
　バター … 80g
　　（室温に置いて柔らかくしておく）
　グラニュー糖 … 80g
　卵 … 2個（室温に戻しておく）
　A｜アーモンドパウダー … 80g
　　｜ビターアーモンドエッセンス
　　｜（P108）… 数滴
○カスタードクリーム
　B｜卵黄 … 1個分
　　｜グラニュー糖 … 大さじ1½
　コーンスターチ … 大さじ1
　牛乳 … 100ml
　無塩バター … 5g
　バニラエッセンス … 適量
○デコレーション
　生クリーム … 30ml
　いちご … 20〜30粒
　　（小さいものは½、大きいものは¼に）
　ナパージュ … 適量
　　（艶出し用ジュレ／製菓材料の店や
　　ネットで購入可能。なければ省略可能）
　ハーブ … お好みで適量
　粉糖 … 適量
　マジパン … 50g
　　（市販またはP36を参照して手作り）
　アイシング … 10g（P47参照）
　着色料（黄色）… 適量

〔準備〕
◎直径7cmのマフィン型（分量外のバターを塗り、分量外の中力粉をふって、余分な粉をはらっておく）
◎直径12mmの丸口金をつけた絞り出し袋
◎コルネ（P84参照）
◎ハンドミキサー
◎花の抜き型（あればマジパンを抜いて花びらを作る）
◎スウェーデン国旗（P93）

Step 1　生地を作る

1 ボウルにバターを入れ、グラニュー糖を加えヘラですり混ぜる。

2 なじんだらハンドミキサーで空気を含ませるように泡立てる。

3 卵を加え、均一になるまで混ぜる。

4 中力粉をふるい入れ、ヘラで練らないようにさっくり混ぜる。

5

ひとまとまりになったら、ラップに包み冷蔵庫で1時間休ませる。

9

Aを加えて均一になるまで混ぜる。卵を少しずつ加えてそのつどよく撹拌する。

13

12に牛乳を少しずつ加えて混ぜる。

6

必要に応じて打ち粉（分量外）をしながら、生地をめん棒で3mmの厚さに伸ばし、直径7cmよりひと回り大きなお椀などで抜く。

10

7の型に9を流し、オーブンで35〜40分焼く。

14

電子レンジに1分かける。取り出したらすぐに混ぜる。部分的にとろみがつく。

7

マフィン型に敷きつめ余分を切り落とす。型ごと冷蔵庫で冷やす。オーブンを180度で予熱し始める。

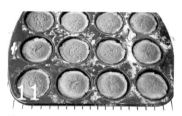

11

焼き上がったら、粗熱を取って、型から外し冷ます。

15

2回目の電子レンジに1分かける。取り出したらすぐに混ぜる。全体的に固まってくる。

Step 2 **アーモンドクリームを作る**

8

バターにグラニュー糖を加えてヘラですり混ぜる。なじんだらハンドミキサーで空気を含ませるように泡立てる。

Step 3 **カスタードクリームを作る**

12

耐熱ボウルに、Bを入れて、泡立て器ですり混ぜる。コーンスターチをふるい入れ、粉気が消えるまで混ぜる。

16

3回目の電子レンジに1分かける。取り出したらすぐに混ぜる。しっかり加熱されてふつふつとして艶がある状態。

17

無塩バターを入れて余熱で溶かし、バニラエッセンスも加え泡立て器で均一になるまでよく混ぜ、裏ごししたら氷水に当てて冷ます。

Step 4 デコレーション

18

生クリームを固めに泡立て、17をヘラやハンドミキサーでほぐした中に入れて均一になるまで混ぜる。

19

丸口金をつけた絞り出し袋に入れて、スケッパーで口金の方向にクリームを寄せてつめる。

20

完全に冷めた11の上に、丸く絞る。

21

いちごをクリームの周りに5個ずつのせる。あればナパージュを塗って艶を出す。

22

粉糖を茶こしに入れ、タルトレットを反対の手で持って回しながら縁の部分にだけかける。

23

P36のように、マジパンを作り、粉糖(分量外)を打ち粉として使いながらめん棒で伸ばし、小さな花の形に抜く。

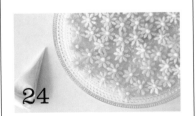

24

P84のようにアイシングを作り、黄色に着色して、コルネにつめて、23の上に花しべを絞る。

25

22の上にマジパンの花、ハーブ、スウェーデン国旗を飾って完成。

保存について
冷蔵で2日。

SWEDEN

Runebergintorttu

ルーネベリタルト

No.27
国民的詩人が愛したラズベリージャムケーキ

フィンランドの国民的詩人、ヨハン・ルーネベリ氏がこよなく愛したと言われるのが、このお菓子。愛妻フレドリカ夫人が、甘いもの好きな夫に頼まれてキッチンに残っていた食材で作ったところ、お気に入りのお菓子になったのが始まりだとか。フィンランド人の愛国心をかきたてた彼の詩は、後に国歌となり、2月5日の彼の誕生日には全国でこのお菓子を食べて、祝われるようになりました。

〔 所要時間 〕
1時間（+冷ます時間40分）

〔 材料 〕（直径5〜6cmのセルクル10個分）
○生地
　バター … 150g
　　（室温に戻して柔らかくする）
　グラニュー糖 … 140g
　卵 … 1個
　　（室温に戻しておく／溶きほぐす）
　薄力粉 … 250g
　ベーキングパウダー … 小さじ1
　アーモンドパウダー … 50g
　生クリームまたは牛乳 … 100ml
　ペッパーカーカ … 50g
　　（P50／IKEAやカルディなど輸入
　　食材店で購入も可能）
　粗挽きカルダモン … 小さじ1
　アーモンドダイス
　　… 大さじ2（約20g）
ラズベリージャム（P29）… 160g
○シロップ
　グラニュー糖 … 大さじ2
　水 … 大さじ2
　アラックアロマ（P108）
　　またはラム酒 … 大さじ1
○アイシング
　粉糖 … 大さじ3
　水 … 〜小さじ½
　　（様子を見ながら加える）
※「北欧 FIKAキット」もあり（P9参照）

〔 準備 〕
◎直径5〜6cmのセルクル（内側に分量外のバターを塗っておく／または筒状の紙製のマフィン型／写真下）

◎コルネ（P84、または市販の絞り出し袋）
◎フードプロセッサー（ペッパーカーカを砕いておく／ポリ袋に入れてめん棒を転がして砕いてもよい）
◎ハンドミキサー
◎フィンランド国旗（P93）

Stage 1　生地を作る

1
オーブンは200度に予熱する。ボウルにバターを入れ、グラニュー糖を3回に分けて加え、ハンドミキサーでそのつどよく撹拌する。白っぽくなったらOK。

2
室温が低い場合、卵は事前にぬるま湯につけておく。卵液を大さじ1ずつ加え、そのつどよく泡立てる。

3
別のボウルに、薄力粉、ベーキングパウダー、アーモンドパウダーを合わせてから、ふるいにかけて2に加える。

4
ヘラで粉気があらかた消えるまで混ぜる。

5

生クリームまたは牛乳を加えて混ぜる。ペッパーカーカ、粗挽きカルダモン、アーモンドダイスを加えて混ぜる。

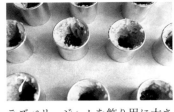

7

ラズベリージャムを飾り用に大さじ3を取り分けておき、残りを1/10量ずつ流し入れる。

9

200度のオーブンで20分焼く。竹串を刺して生の生地がついてこなければ焼き上がり。型から外して冷ます(紙の場合は冷めてからはずす)。

6

オーブンペーパーを敷いた天板にセルクルを置き、生地の重さをはかり1/10量ずつ入れスプーンで生地の中心に深く穴をあける。

8

型の周りの生地でジャムにフタをして平らにならす。

10

耐熱容器にシロップ用のグラニュー糖と水を混ぜて、電子レンジで40秒加熱する。アラックアロマまたはラム酒を加えて混ぜ、ハケでたっぷりと塗る。

Column
〔絞り出しコルネの作り方〕

アイシングやチョコレートを細く絞り出す時用として、セロファンで作ります。

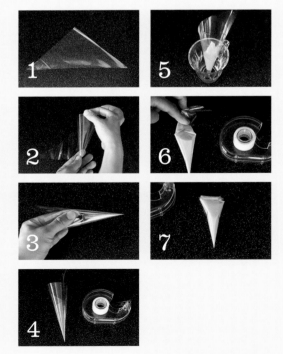

1. 一辺が20cmのセロファンを準備し、対角線で半分に切り、三角形にする。
2. 一番長い辺の中心がコルネの先になるように端から円錐状に巻く。
3. コルネの先が細く鋭くなるように途中で持ち替え、調節しながら最後まで巻く。
4. 巻き終わりをテープでとめる。
5. コルネに、アイシングなどをつめる。コップに入れるとつめやすい。
6. 上部を折り曲げてテープでとめる(空気が入らないように折る)。
7. 完成。先を少し切って絞り出して使う。

11

アイシングを作る。粉糖に水をごく少量ずつ加えてよく練る。水を入れすぎないよう注意。持ち上げてもったりするようになったらちょうどいい固さ。

13

取り分けておいたジャムを輪の中心にのせ、フィンランド国旗を飾ったら完成。

保存について
冷暗所で3日。冷凍で約1ヶ月。

12

コルネにつめて上部を折り曲げてテープでとめる。コルネの先を少し切り、10の上に輪状に絞り出す。

Column

〔 北欧人はマジパンのお菓子が大好き 〕

北欧では、アーモンドを使ったお菓子が好まれ、中でも、アーモンドと砂糖で作られたマジパンが人気です。いろいろな形や色のマジパン菓子や、生地をマジパンで覆ったお菓子 (プリンセストルタやダムスーガレなど) も豊富。

[a] 母の日のピンクのプリンセストルタ。
[b] カエルケーキは子どもたちに人気。
[c] 卒業シーズンの帽子のケーキ (デンマーク)。
[d] ナショナルデーを祝う国旗ケーキ (ノルウェー)。
[e,f] マジパン屋さんのマジパン菓子 (スウェーデン西海岸)。

Kvæfjordkake

クヴァフィヨルドカーケ

世界一おいしい
メレンゲケーキ

ノルウェー北部の街でカフェを経営していたクヴァフィヨルド出身のノルウェー人が、デンマークから購入したレシピを元にアレンジしたケーキ。大人気となって国中に広まり、「世界一おいしい」と絶賛されたことから、正式名称とは別に、世界一という意味のヴェールデンスベステというニックネームでも広く知られています。2002年にはラジオ番組のリスナー投票によって、ノルウェーの国民的ケーキに選出。家族や友達などがお祝い事で集まる時に作られることが多く、特に5月17日のナショナルデー（独立記念日）によく食べられているそうです。

NORWAY

No.28
世界一おいしい
メレンゲケーキ

（所要時間）
1時間10分（+冷ます時間30分）

（材料）（18×22cm角）
○ケーキ生地

A｜バター … 50g
　　（室温に置いて柔らかくする）
　｜グラニュー糖 … 40g
　卵黄 … 2個分
B｜中力粉または薄力粉 … 70g
　｜ベーキングパウダー
　　　… 小さじ½
　牛乳 … 大さじ2

○メレンゲ生地
　卵白 … 2個分
　グラニュー糖 … 80g
アーモンド … 20g
　（粗く刻む／アーモンドスライスでもよい）

○カスタードクリーム
　卵黄 … 2個分
　グラニュー糖 … 大さじ3
　コーンスターチ … 大さじ2
　牛乳 … 200ml
　無塩バター … 10g
　バニラエッセンス … 数滴
生クリーム … 100ml

（準備）
◎ハンドミキサー

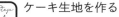

Step 1　ケーキ生地を作る

1　オーブンを180度に予熱する。天板にオーブンペーパーを敷く。

2　ボウルにAを入れ、ハンドミキサーで空気を含ませるように白っぽくふんわりするまで泡立てる。

3　卵黄を加え、均一になるまでよく混ぜる。

4　別のボウルに、Bを合わせて3にふるい入れる。

5　ヘラで混ぜる。粉気が消えたら牛乳を加えて混ぜる。

6　オーブンペーパーの上にパレットナイフで18×22cmの長方形に均一な厚みに伸ばす。

Step 2　メレンゲ生地を作る

7　油分や汚れのないボウルに卵白を入れ、よく洗い水気をよくふいたハンドミキサーで五分立てにする。グラニュー糖を3回に分けて加え、つどよく撹拌し、固くしっかりしたメレンゲに泡立てる。

8　6の上に7を広げ、パレットナイフでラフに伸ばし、アーモンドを振りかける。

9

オーブンで 20〜25分、表面にこんがりと焼き色がつくまで焼き、完全に冷ます。

Stage 3 仕上げ

10

焼いている間に、P80、*Stage 3*を参考に、カスタードを作り冷ましておく（加熱時間は、1分半、1分半、1分半となる）。

11

氷を入れたボウルの上で生クリームを固めに泡立てて、10をヘラやハンドミキサーでほぐして加え、混ぜ合わせる。

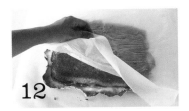

12

9の上に新しいオーブンペーパーをのせて、ケーキと一緒にそっとひっくり返し、ちぎれないようにオーブンペーパーをはがす。

13

2等分し、メレンゲの面を上にして、ケーキ皿に1つ置く。

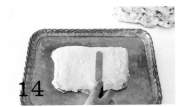

14

13の上に11のクリームを塗り広げたら、その上にもう一枚のケーキをメレンゲの面を上にし重ねる。

保存について
冷蔵で3日。

NORWAY

Kransekake

クランセカーケ

アーモンドの
リングツリー
ケーキ

ノルウェーでは、クリスマスや
ナショナルデー（独立記念日）、
結婚式などのお祝いの席で食
べられ、デンマークでは大晦日
に食べられるお菓子です。サ
イズの異なるリング状に焼いた
ケーキにアイシングで模様を
描き、ピラミッドのように積み
重ねたら、国旗を飾ります。見
た目にも可愛らしく、食べると
アーモンドが香ばしいケーキ
です。大きいものは20段ほど
もあり、専用の型で作られます
が、ここでは作りやすいミニサ
イズにし、型紙もダウンロード
できるようにしました。

No.29

アーモンドの
リングツリーケーキ

(所要時間)
1時間30分(＋一晩寝かせる)

(材料) (7段1台分)
○生地
　A｜アーモンドパウダー … 280g
　　｜粉糖 … 220g
　　｜ビターアーモンドエッセンス
　　｜　… 数滴(P108)
　卵白 … ～約3個分(溶きほぐす)
○アイシング
　B｜粉糖 … 120g
　　｜レモン汁 … 小さじ1
　水 … ～小さじ1

(準備)
◎コルネ(P84)または市販の絞り出し袋、直径3mmの丸口金
◎ノルウェー国旗(P93)
◎型紙(直径5cm、7cm、9cm、11cm、13cm、15cm、17cmの円の型紙を下記URLにアクセスするとダウンロードできます)
クランセカーケ型紙 https://kdq.jp/kkppr
ID (ユーザー名)：aibon_sweets
PW (パスワード)：kp2mp10!

Stage 1　生地を作る

1　ボウルにAを入れて混ぜ、卵白を少しずつ加えてそのつどヘラでよく混ぜる。

2　手でこね、ひとまとまりになるまでよく混ぜる。卵白を入れすぎて生地がダレないようにする。

水分量の調整
もしも卵白を入れすぎてしまった場合は粉糖(分量外)を練り込んで固さを調節する。逆に乾燥しすぎているとひび割れてしまうので、ごく少量の水を加えて揉み込み、ちょうど形作れるくらいの固さにする。

3　生地をラップに包んで冷蔵庫で一晩寝かせる。

4　オーブンを220度に予熱する。3を小さく分けてから直径1.5cmの棒状に伸ばす。

5　天板に型紙をのせオーブンペーパーを重ねる。透けて見える型紙に合わせて大小のリング状に形作る。下の型紙をはずす。

間隔をあける
天板に並べる際に、大きい輪の中に小さい輪をおくことでスペースを節約できるが、焼いた時にくっつかないように間隔をあけておく。

Stage 2　焼く～デコレーション

6　オーブンで8～10分、表面がほんのりきつね色になるまで焼く(焼きすぎると固くなるので注意)。天板の上で冷ます。

7

アイシングを作る。Bを入れ混ぜ、水を少しずつ加えてそのつどよく混ぜる。水の入れすぎに注意する。

9

コルネまたは丸口金をつけた絞り出し袋につめる。スケッパーでアイシングを口金の方に寄せて、つめる。

11

アイシングが乾かないうちに、次に大きなリングを上にのせて接着する。

8

すくってたらした時にゆっくり時間をかけて落ち、表面に跡が残るくらいの固さが目安。

10

一番大きなリングを皿に置き、アイシングで模様を書く。

12

これを繰り返す。お好みで国旗を飾って完成。

保存について
乾燥を避け、常温で3〜4日。

Column

（ 国旗の飾りの作り方 ）

自国の国旗が好きな北欧の人々は、お祝いのお菓子にも小さな国旗を飾ることが多く、スーパーなどでも売られています。ダウンロードして簡単に作れる型紙をつけましたので、お菓子に飾って北欧気分を盛り上げて！

1. 下記URLにアクセスすると、北欧4ヶ国の国旗の飾りのPDFをダウンロードできる。A4用紙に印刷する。
スウェーデン国旗　https://kdq.jp/swflg
フィンランド国旗　https://kdq.jp/fnflg
デンマーク国旗　　https://kdq.jp/dnflg
ノルウェー国旗　　https://kdq.jp/nrflg
ID(ユーザー名)：aibon_sweets
PW(パスワード)：kp2mp10!
2. 国旗を切り抜いたら、半分に折って折り目をつける。裏面に糊を塗り、中心に爪楊枝を置いて、折り目に合わせて貼り合わせる。
3. 完成。

No.30
プルーンジャムの星形クリスマスパイ

フィンランドでクリスマスに食べられるパイ菓子で、手裏剣のようにも見える星形の中には、プルーンのジャムが入っています。市販のパイ生地を使うこともできますが、ここではさらに本格的においしくなるよう、バターとクリームチーズを練り込んだ生地を手作りするところから紹介します。シート状のバターを折り込むタイプのパイではなく、練りパイ生地なので、生地を休ませる時間はかかりますが、作業自体は少なく簡単にできます。

Joulutorttu

ヨウルトルットゥ

FINLAND

No.30
プルーンジャムの星形クリスマスパイ

（所要時間）
1時間10分（＋3時間休ませる）

（材料）(10個分)
○生地
| A | 中力粉 … 140g
| | 塩 … ひとつまみ
| | ベーキングパウダー
| | … 小さじ½
| バター … 100g
| （よく冷えたもの／2cmの角切り）
| クリームチーズ … 100g
○フィリング
| プルーン … 100g（ドライ／種なし）
卵 … 1個（溶きほぐす）
粉糖 … 適量

（準備）
◎フードプロセッサー（あれば工程1～2を行うことも可能）
◎スティックミキサー

Step 1 **生地を作る**

1 ボウルにAを入れて混ぜ、バターを加えて溶けないよう素早く指先で細かくつぶす。

2 そぼろ状になったら、クリームチーズを加えて手早く混ぜてひとまとめにする（こねないこと）。

3 生地をラップで包んで冷蔵庫で1時間休ませる。

Step 2 **フィリングを作る**

4 鍋に、プルーンと、ひたひたの水（分量外）を入れて火にかける。沸騰したら火を弱めて10分煮る。

5 余分な水が残っていれば捨て、スティックミキサーにかけてペースト状にして冷ましておく。

Step 3 **成形する**

6 3の生地を取り出し、台やめん棒に貼りつかないように打ち粉（分量外）を使いながら30×15cmに伸ばす。

7 生地の上の余分な打ち粉をハケではらい、生地を三つ折りにする。

8 90度向きを変えて、再度同様に30×15cmに伸ばす。

9

生地の上の余分な打ち粉をハケで
はらい、三つ折りにする。

13

正方形の4つの角から中央に向か
って切り込みを入れる。

16

卵液をハケで生地の部分に塗る。

10

8〜9をもう一度繰り返し、合計で
三つ折りを3回行う。ラップに包
んで冷蔵庫で2時間休ませる。

14

5を10等分して中心に置く。

17

オーブンで10〜15分、焼き色がつ
くまで焼く。

Step 4 **焼く**

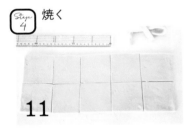

11

オーブンを220度で予熱する。10
の生地を、必要に応じて打ち粉（分
量外）を使いながら17×41cmに伸ば
す。端をカットして8×8cmの正方
形に切る。

15

各角につき1つの切り込みを中央
に向かって折り曲げ、生地がつく
ように水をつけた指で押さえる。

18

冷めたら粉糖をふりかける。

保存について
常温で2日。冷凍で1ヶ月。

12

オーブンペーパーを敷いた天板に
並べる。余分な粉をハケではらう。

Column

（ 生地が余ったら ）

残ったパイ生地の切れ端は伸ばしてバ
ター5gを塗り、グラニュー糖小さじ1
と、シナモン小さじ½（すべて分量外）をふ
りかけて巻き、輪切りにして、220度で
予熱したオーブンで10分焼くと、シナ
モンロール風パイのお菓子になる。

FINLAND

Column

〔北欧各国のお菓子を巡る旅〕

　本書を制作するにあたり、スウェーデン以外のお菓子を現地で味わうため旅してきました。言葉や文化同様にお菓子も似ていましたが、微妙な違いを体感できたのは興味深かったです。例えばシナモンロールは、フィンランドでは巻き方が異なり（P14）、ノルウェーでは生地がどっしりしていて、デンマークではデニッシュ生地で、アイシングがかかっているといったように。以下レポートします。

■■■デンマーク

　西欧と陸続きだけあって街は洗練され、ヒュッゲの思想からインテリアのこだわりが強く、スタイリッシュなカフェには、伝統的なお菓子もモダンに仕上げられ並んでいました。

　子どもの誕生会で食べられるケーエマンは、巨大な菓子パンに、人の形のマジパンをのせキャンディーや国旗を飾ったお菓子。主役の子どもがケーキの首を切り、叫び声をあげるのが習わしなのだそう。とってもユニーク！

　ドイツとの国境にあるユトランド半島南部の古城のカフェには、伝統的なお菓子が並んでいました。戦争により何度も国境の位置が変わり、そのつど翻弄されてきた人々が結束を強めるためにお菓子を持ちより集会を開いていたことから、独自のお菓子文化がこの地方に発達したのだそうです。

［上］ヒュッゲなサマーハウス。
［中］20人前のケーエマンを次女カレンと一緒に。
［下］ユトランド半島南部のコーヒーテーブル。

✚ フィンランド

　言語も、民族も異なるフィンランドですが、長期にわたりスウェーデンの統治下に置かれていた歴史もあり、シナモンロール、セムラ、プリンセストルタ、マザリン、モッカパラなど、スウェーデン発祥の多くのお菓子が、ベーカリーに置かれているのを目にしました。

　国民的詩人ルーネベリの愛したタルト（P82）や、ヨウルトルットゥ（P94）は、フィンランド独自のお菓子です。現地でもしっかり味わってきました。

バルト海に臨むルイッサロの邸宅カフェ［上］と、オーナーのサンナさん［下］。ブルーベリーやルバーブのパイは彼女のお手製。

⊞ ノルウェー

　バリスタの世界大会のチャンピオンを続々と輩出しているだけあって、質の高いコーヒーを独自の手法で焙煎するロースタリーを併設したカフェがたくさんあり、浅煎りのノルディックローストのコーヒーに合わせてか、主張しすぎない素朴でシンプルな焼き菓子を多く目にしました。

　発酵菓子の中心にカスタードクリームを絞って焼き、アイシングとココナッツで飾ったスコーレブローや、天然の酵母で小麦の旨味を引き出しながらじっくりパンを膨らませるサワードウブレッドなどが人気で、どっしりとした重厚な食感です。

　ノルウェーのワッフルは、スウェーデン同様にクローバー形の薄いものでしたが、屋台ですらフォークとナイフを必ず使うスウェーデンに対して、手づかみで食べるカルチャーギャップに驚きました（写真P98上）。

［上］カフェフグレン（オスロ）。
［下］スコーレブロー。

　私が見聞きしたものは限られていますが、百聞は一見に如かず。今後も各国を訪れて体感していきたいと思っています。

サワークリーム＋ベリーのジャム＋ブラウンチーズ　　無糖で泡立てた生クリーム＋ベリーのジャム＋フレッシュベリー

スウェーデンをはじめとする北欧諸国には、Fikaの時間に食べる嗜好品的なお菓子のほかに、日中のエネルギー補給源として、もう少し軽食寄りなおやつがあり、朝食やランチにもよく食べられています。ここでは軽食として人気のパンケーキやワッフル、デザートスープを紹介します。

Part
5
軽食のおやつ

ホットアップル＋シナモン＋ハチミツ　　エビのサラダ＋キュウリ＋チャイブ＋レモンスライス

No.31
薄焼きサクサクの
北欧式ワッフル

北欧式は薄焼きサクサクが特徴で、何枚でも食べたくなります。生地に砂糖を入れないので、トッピングは、甘い系も、しょっぱい系も合います。北欧で一般的なワッフル型はクローバーの形で、切り離すとハートの形になります。我が家の定番は子どもたちが好きなベリー系ジャムと無糖ホイップクリーム。ホットアップル＆シナモンを合わせて Fika に。エビのサラダをのせて食事としてもおすすめです。

Vaffel
ヴァッフェル

No.31
薄焼きサクサクの北欧式ワッフル

〔所要時間〕
30分

〔材料〕(約7枚分)
○生地
　中力粉 … 350mℓ (245g)
　ベーキングパウダー … 小さじ2
　卵 … 2個
　牛乳 … 400mℓ
　バター … 100g (溶かす)
○トッピング
　お好みで … 各適量
　　(下記コラム参照)

〔準備〕
◎ワッフルメーカー

1 ボウルに中力粉、ベーキングパウダーを入れて泡立て器で混ぜる。

2 卵を割り入れ、牛乳を加え入れ、ダマにならないようによく混ぜる。

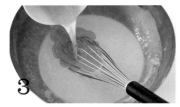

3 溶かしバターをワッフルメーカーの型に塗る用を少々残して、2に加え、よく混ぜる。

4 ワッフルメーカーを加熱する。1枚目を焼く前に、バターを少し型の表面に塗っておく。

5 生地を流したらフタをする。

6 きつね色になるまで焼く。

保存について
当日中。生地の状態で冷蔵2日。

Column
〔おすすめトッピング〕

a　無糖で泡立てた生クリーム
　　＋ベリーのジャム＋フレッシュベリー
子どもたちが大好き。甘いバージョンの定番。

b　ホットアップル＋シナモン＋ハチミツ
甘いバージョンの定番その2。お好みでミントを添えて。
【ホットアップル (2枚分)】りんご½個 (いちょう切り) を耐熱皿に入れてラップし、3〜4分、電子レンジで半透明になるまで加熱する。

c　サワークリーム＋ベリーのジャム
　　＋ブラウンチーズ
ノルウェーでは「ブラウンチーズ」(山羊乳のホエーにクリームを加えたもの) をスライスしてのせるのが人気(写真：右ページ上)。輸入食材店やネットでも購入可能。

d　エビのサラダ＋キュウリ＋チャイブ
　　＋レモンスライス
軽食バージョン。
【エビのサラダ (2〜3枚分)】ゆでて殻をむいたエビ100g (粗く刻む)、ディル大さじ½ (刻む)、チャイブ大さじ½ (刻む)、マヨネーズ 大さじ2、サワークリーム大さじ2を混ぜて、塩、黒こしょうで調える。

Pannkaka

パンカーカ

No.32

薄焼き
もちもち
パンケーキ

日本でパンケーキというと、厚みのあるふんわりしたものを想像しますが、北欧のパンケーキは、薄いクレープのようなもの。生地をしっかり混ぜて作るのでクレープよりは少し厚みがあり、もちもちとした食感が特徴です。お皿に盛ったら、無糖で泡立てた生クリームと、ベリー系のジャムをのせていただきます。フレッシュベリーをのせたらさらに豪華に！

〔所要時間〕
30分

〔材料〕（直径約19cm 約8枚分）
○生地
A｜中力粉 … 150㎖（105g）
　｜グラニュー糖 … 小さじ2
　｜塩 … ふたつまみ
B｜牛乳 … 300㎖
　｜バニラオイル … 5滴
　卵 … 2個
　バター … 40g
○トッピング
　生クリーム … 100㎖
　ジャム、ベリーなど … 各適量
　粉糖 … 適量

〔準備〕
◎直径約22cmのフライパン

1 ボウルに、Aを入れ泡立て器で混ぜる。

2 Bの半量を加え、ダマがなくなるまでよく混ぜ、残りの半量を入れて混ぜる。

3 卵を割り入れよく混ぜる。

4 フライパンで溶かしたバターを生地に加えながらよく混ぜる。フライパンは5以降そのまま使用する。

5 4のフライパンに生地を流し入れ、素早くフライパンを回して生地を全体に広げる。

6 焼き色がついたら、フライ返しでひっくり返し、裏面も焼き色がつくまで焼く。

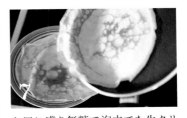

7 お皿に盛り無糖で泡立てた生クリーム、ジャム、ベリーを添えて、粉糖を茶こしでふりかける。

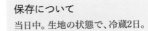

保存について
当日中。生地の状態で、冷蔵2日。

Blåbärssoppa

ブローバールシュソッパ

No.33

ブルーベリーの
デザートスープ

甘いブルーベリージュースにとろみをつけたような飲み物。スーパーで紙パック入りが売られているほど、スウェーデンの食卓では一般的です。夏は冷やして、冬は温めて、小さなアーモンドクッキーや生クリームを浮かべて飲みます。スウェーデンで毎年開催されるクロスカントリースキーの大会ではこのスープが選手に配られるなど、スウェーデン人にとってスキーの飲み物といえば、温かいこのスープ。魔法瓶に入れてゲレンデに持参する人もいます。我が家の子どもたちの幼稚園でも、冬の日に、温かいこのスープがおやつとして配られ、雪の中で遊んでいます。

〔 所要時間 〕
15分

〔 材料 〕(4人分)
○スープ
A｜水 … 500㎖
　｜グラニュー糖 … 50g
　｜ブルーベリー … 250g
　　　(フレッシュまたは冷凍)
B｜コーンスターチ … 大さじ2
　｜水 … 大さじ4
○トッピング
　｜生クリーム … 100㎖
　｜アーモンドクッキー … 適量(右記)

〔 準備 〕
◎スティックミキサー

鍋に、Aを入れて火にかけ、沸騰させて溶かす。ブルーベリーを入れて沸騰したら、火を弱め3分煮る。

いったん火を止めて、スティックミキサーにかけて滑らかにする。

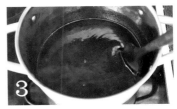

Bを混ぜて水溶きコーンスターチを作り、2に加える。混ぜながら再び火にかけてとろみがついたら完成。

器に注ぎ、ゆるく泡立てた生クリームとアーモンドクッキーを浮かべていただく。

保存について
冷蔵で5日。

Column

（ アーモンドクッキーの作り方 ）

北欧には他にもローズヒップやいちごのデザートスープがありますが、それらに浮かべて食べられているのがこの Mandelbiskvi (マンデルビスクヴィー) というクッキー。香ばしくアクセントになります。

〔 材料 〕(約100〜120個分)
アーモンドパウダー … 50g
グラニュー糖 … 50g
卵白 … ½個分

〔 準備 〕
◎直径8〜9㎜の丸口金をつけた絞り出し袋

1. オーブンは200度に予熱する。天板にオーブンペーパーを敷いておく。ボウルに材料をすべて入れ、ヘラでよく混ぜる。
2. 丸口金をつけた絞り出し袋に入れて天板に小さく絞り出す(口金がない場合は絞り出し袋の先を小さくハサミで切って絞り出してもOK)。
3. オーブンで5〜7分、表面に焼き色がつくまで焼く。
4. 瓶などに入れて密閉し、高温多湿を避けて常温で保存。

SWEDEN

Ingredients
北欧おやつの基本材料

この本で使用している基本の材料と、入手方法などをまとめました。
チェックしてくださいね。

[小麦粉]

・基本的に「中力粉」を使用します（北欧では、日本で一般的な薄力粉はありません）。「薄力粉」と「強力粉」を半量ずつ混ぜ合わせて代用してもOKです。
・本書では、レシピによって、中力粉でも薄力粉でもどちらでもよいものがあるので、各レシピを参照してください。
・打ち粉として使用する場合は、「強力粉」を使います。

[砂糖]

・基本的には「グラニュー糖」または「粉糖」を使います（日本で一般的な「上白糖」は北欧では使われません）。お好みで「きび砂糖」などにかえてもOKです。

[パールシュガー❶]
（ニブシュガー）

・焼いても溶けない粒状の砂糖で、シナモンロールなどの焼き菓子のトッピングに使用すると、カリカリとした食感が残り

おいしく仕上がります。
・粒の大きいワッフルシュガーや、アーモンドダイスなどで代用することも可能です。いずれも製菓材料店やネットで入手可能。

[アーモンドパウダー]

・この本では「皮なし」を使用します。アーモンドプードルと記されることもあります。

[ビターアーモンドエッセンス❷]

・スウェーデンではアーモンドペーストの「マンデルマッサ」（P18）を作るのに、生のスイートアーモンド100gに対して2〜3粒のビターアーモンドを入れて香りをよくしますが、この本では、日本でも入手可能なビターアーモンドエッセンスを使用します。
・杏仁豆腐の香りづけにも使われ、製菓材料店やネットで購入できます。「アーモンドエッセンス」と表示されることもあり

ます。

[粗挽きカルダモン]

・「シナモンロール」（P10）や、「セムラ」（P16）、「ルーネベリタルト」（P82）に使用します。北欧では「粗挽き」が一般的ですが（P12）、日本では入手しにくいため、緑色の皮がついたホール状、または粉末を購入してください。ホールは、輸入食材店、百貨店、iHerb® などで入手可能です。緑色の皮をむき、黒い種子をペッパーミルなどで粗く挽くか、包丁で刻みます。

[アラックアロマ]

・サトウキビを原料とした蒸留酒、アラックの香りを抽出した製菓用のエッセンスです（P36）。独特の芳醇な香りを持ち、「ダムスーガレ」（P34）や「ルーネベリタルト」（P82）「アラックスボール」（P39）の香りづけに使用します。
・北欧雑貨「ソピバ」のオンラインショップ（P9）で購入可能

ですが、ラム酒でも代用できます。

[ゴールデンシロップ❸]

・サトウキビやテンサイが原料の濃い琥珀色をした甘味料です。カルディなどの輸入食材店や製菓材料店、ネットで購入できます。

・風味は少し変わりますが「メープルシロップ」または「黒蜜」で代用可能です。

[ダークチョコレート❹]

・製菓用のカカオ分50％以上がおすすめです。スイートチョコレートや、ビターチョコレートとも呼ばれます。製菓材料店、ネットで購入できます。

[コーティング用チョコレート❺]

・難しいテンパリングの作業をしなくても、湯せんや電子レンジで溶かすだけで艶のあるコーティングとして使用できるチョコレートです。「上掛けチョコレート」「洋生チョコレート」「パータグラッセ」とも呼ばれています。製菓材料の店やネットで購入できます。

[バニラ香料❻]

・バニラオイルとバニラエッセンスがあります。

・バニラオイルはバニラの香りをオイルに移したもので加熱するお菓子に使います。

・バニラエッセンスは冷やすお菓子に使います。

[生クリーム]

・この本では40％の生クリームを使用しています。日本では35％前後のものと47％のものを半量ずつ混ぜ合わせるとよいです。

・1種類しか使用できない場合は、35％を使用してしっかりと泡立てて使います。生地に混ぜて使用する場合にはどちらでも構いません。

・生クリームは温度の変化に敏感なので、使用前には必ず冷蔵庫で冷やしておき、ボウルごと氷水に当てて低温を保ちながら泡立てます。

・使用するボウルや泡立て器も冷やしておくとよいです。

・必要以上に泡立てたり、なでつけると分離しやすく口当たりが悪くなるので注意します。

[オーブンについて]

・必ず予熱してから焼いてください。

・この本では電気オーブンを使用しています。ご家庭の機種によっても、焼き時間に差があるので様子をみながら加減してください。また、焼きムラなどのくせもあるので、何度も焼いてそのくせを知ることも大切です。

・焼きムラが出やすい場合には、全体に色づいてきた段階で天板の前後を入れ替えます。庫内温度が下がるのを防ぐため、オーブンの開閉は素早く行いましょう。

 ❶  ❷  ❸  ❹ ❺  ❻

tools

この本で使う基本の道具

本誌のおやつ作りで使う基本の道具を紹介します。
準備しておきましょう。

[めん棒]

生地を平らに伸ばすのに使用します。また材料を叩いて砕くのにも使えます。

[ヘラ・シリコンスプーン]

生地を混ぜたり集めたりするのに使います。シリコン製で継ぎ目のないものがおすすめ。

[耐熱ボウル]

電子レンジで加熱する時に使います。清潔に保ちやすいガラス製がおすすめです。

[泡立て器]

生地を混ぜるのに使います。ワイヤーがしっかりしたものがおすすめです。

[ハンドミキサー]

生地や生クリーム、メレンゲを泡立てるのに、電動のものがあると時短になりラクです。

[スケッパー]

樹脂製は、生地をならす時などに使用。ステンレス製は生地を切り分けるのに便利です。

[フードプロセッサー]

食材に触れずに短時間でできるので、手の熱でバターを溶かしたくない生地作りにおすすめ。

[スティックミキサー]

鍋やボウルに直接先を入れて、短時間で食品を滑らかに撹拌することができます。

[温度計]

温度管理が必要な工程で使います。温度が見やすいデジタルのものがおすすめです。

[キッチンスケール]

重さを差し引くことのできる風袋機能付きなら、複数の材料を一度に計量できます。

[ふるい・茶こし]

粉をふるったり、カスタードを裏ごししたり、均一で滑らかな生地を作るのに必須です。

[オーブンペーパー]

天板やケーキ型に敷き込んだり、生地を伸ばしたり、ロールケーキを巻いたりするのに使います。

[ケーキ型]

本書では、手に入れやすい15cm、18cmの丸型やパウンド型を使用しています。

[耐熱バット・耐熱皿]

「モッカパラ」(P72)やパイを焼くのに使います。4〜5cm程度の深さがあるものがおすすめ。

[マフィン型]

タルトレットを焼く時に。コーティングがない場合は、バターを塗り小麦粉を薄くはたきます。

[アルミカップ]

タルトレットを焼くのに使います。バターを塗る・小麦粉をはたく必要はありません。

[セルクル]

「ルーネベリタルト」(P82)を焼く時に。紙カップで代用することも可能。

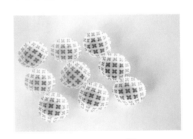

[ベーキングカップ]

「ハッロングロッタ」(P40)を焼く時に。バターを塗る・小麦粉をはたく必要はありません。

[パレットナイフ]

クリームを塗る時などに。大小のサイズ、L字もあり、お菓子をのせて運ぶのにも使えます。

[ハケ]

シロップや艶出しの卵液を塗る時に。余分な打ち粉をはらい落とすのにも使います。

[口金・絞り出し袋]

生地やクリームをデコレーションする時に。本書では丸口金と星口金を使っています。

ヴェントゥラ愛
Ai Ventura

スウェーデン在住パティシエ。国際製菓専門学校卒業。製菓衛生師。日本でパティスリー、レストランに勤務した後、「Patisserie Bon Aibon」開店。2013年にストックホルムに移住。スウェーデンで2冊のレシピ本『Japanska bakverk』（デンマーク、スペインでも翻訳出版され、今後ヨーロッパ数か国でも翻訳出版予定）、『BAKA KAWAII』（ともに Natur & Kultur 刊）を出版。現地のメディアやイベントなどで日本のお菓子を紹介している。3冊目の本書は、待望の「北欧のお菓子を日本に伝えるレシピ本」となる。夫と8歳＆5歳の娘、2歳の息子との5人暮らし。YouTube チャンネル「BonAibon スウェーデン暮らしのレシピ」では、大好きなスウェーデンの暮らし、仕事、お菓子、子育てなどを楽しく発信している。

YouTube:「BonAibon スウェーデン暮らしのレシピ」
https://www.youtube.com/@aibonventura
Instagram:
@aibonventura　@bon_aibon
Web site:
https://www.bon-aibon-sweets.com/

スウェーデン在住のパティシエが教える
ほっとする 北欧のおやつ

2023年11月22日　初版発行

著者　　ヴェントゥラ　愛

発行者　山下 直久
発行　　株式会社KADOKAWA
　　　　〒102-8177　東京都千代田区富士見2-13-3
　　　　電話 0570-002-301（ナビダイヤル）

印刷所　大日本印刷株式会社
製本所　大日本印刷株式会社